ENGLISH & PORTUGUESE
100 WORD SEARCHES
ESSENTIAL VOCABULARY

THIS BOOK BELONGS TO:

PUZZLE # 1

```
K  W  P  L  E  A  S  U  R  E  J  E  M  S  S
C  X  F  R  O  V  X  T  M  P  W  W  L  X  L
L  P  J  W  W  G  M  A  N  H  Ã  O  W  R  C
M  I  Z  E  C  O  N  H  E  Ç  E  R  X  X  U
L  G  B  L  T  O  L  I  R  C  F  Q  W  A  T
Y  J  E  C  H  D  I  Á  G  V  K  G  H  F  W
M  V  M  O  D  B  O  L  Y  H  N  C  R  T  H
A  H  V  M  M  Y  X  N  O  I  T  E  W  E  B
A  L  I  E  V  E  N  I  N  G  Z  W  R  R  Q
Y  M  N  M  D  W  E  R  F  A  U  F  H  N  O
S  Q  D  R  A  H  O  T  R  P  F  A  H  O  F
A  N  A  N  O  M  E  P  W  I  L  M  Z  O  T
J  T  A  R  D  E  F  L  J  P  W  I  C  N  R
Q  K  J  X  Z  G  B  X  L  G  W  F  Q  Z  S
R  V  T  U  K  J  V  H  M  O  A  N  C  W  O
```

ENGLISH

HELLO
GOODBYE
NAME
AFTERNOON
MORNING
NIGHT
EVENING
WELCOME
PLEASURE
MEET

PORTUGUESE

OLÁ
TCHAU
NOME
TARDE
MANHÃ
NOITE
TARDE
BEM-VINDA
PRAZER
CONHEÇER

1

PUZZLE # 2

```
E  H  O  M  P  V  K  D  M  J  K  U  A  E  L
E  A  D  V  I  S  E  S  W  A  N  T  C  S  K
P  D  I  A  N  U  N  C  I  A  R  B  O  C  V
T  P  V  L  C  K  R  E  A  Y  N  A  N  M  R
A  E  E  E  Q  C  S  H  D  M  D  D  S  Z  G
J  R  R  R  E  U  E  Z  M  V  R  I  E  B  R
B  A  T  T  M  J  B  P  I  A  W  C  L  R  B
U  M  I  A  A  I  P  U  T  D  H  I  H  R  C
V  B  R  R  N  L  T  I  L  M  C  O  A  L  U
A  U  B  X  X  N  E  I  Y  I  L  N  R  L  T
C  L  H  B  L  C  O  R  R  T  X  A  I  N  K
U  A  L  B  A  D  D  U  T  E  K  R  A  L  S
N  R  P  O  D  X  X  S  N  M  Y  F  R  R  X
V  P  D  C  W  X  D  F  P  C  P  Y  P  A  J
R  L  U  G  H  T  B  C  Q  U  E  R  Z  B  N
```

ENGLISH

- ACCEPT
- ADD
- ADMIT
- ADVISE
- WANDER
- WANT
- ALERT
- ALLOW
- AMUSE
- ANNOUNCE

PORTUGUESE

- ACEITAR
- ADICIONAR
- ADMITEM
- ACONSELHAR
- PERAMBULAR
- QUER
- ALERTAR
- PERMITIR
- DIVERTIR
- ANUNCIAR

PUZZLE # 3

```
T K Q W Y G D O M I N G O T Y
E C E T X A M A N H Ã O Y O W
B Y T W X K T Z S T U Q O D T
V E H R T E R Ç A F E I R A U
H S U I T Q J D K Y S M R Y A
X T R Q U A R T A F E I R A Y
Q E S A T U R D A Y E N I T X
G R D M Z L S M A F W U G O F
Q D A O F E Y A A S Q H Z M R
H A Y N N E K D H Á J O U O I
V Y Z D G F N U L B I J V R D
Z M E A Q U I N T A F E I R A
C W M Y G K S U N D A Y W O Y
J T U E S D A Y P O I J Q W Y
N C S E X T A F E I R A D K K
```

ENGLISH

SUNDAY
MONDAY
TUESDAY
WEDNESDAY
THURSDAY
FRIDAY
SATURDAY
TODAY
YESTERDAY
TOMORROW

PORTUGUESE

DOMINGO
SEGUNDA-FEIRA
TERÇA-FEIRA
QUARTA-FEIRA
QUINTA-FEIRA
SEXTA-FEIRA
SÁBADO
HOJE
ONTEM
AMANHÃ

PUZZLE # 4

```
Z C E A N S W E R B Q J K F M
D X Z P R E N D E R A N N O Y
A C J L R R K I H A R R I V E
A V X A X E A M Q R R F N M C
B X A U P M S N D G E K C M B
R W K D N P O P G U S G O T J
O K A I V D R R O E T D M V W
T A H R E E I E G N U V O K Z
N P C A N T R M C A D B D C Q
O R W E U G I T L I N E A H I
A E A C M M Z P I L A I R E Z
W C S C N R P G M R T T Z G Q
U I M E X A G N M A P P E A R
D A P H L P A P A R E C E R R
P R U Z K P C G C D V J G I T
```

4

PUZZLE # 5

```
R Q M U H H T V Y Z F I L U T
U R I R Z J V L Z J Y Z B G X
V G V F O F R T Y J J E X U Z
H B V U T A R D E M Q C I X R
P H H T E D N M M M V Q R G N
V P O U G O A I I V P A S K O
T A P R C S G N V N K O K R M
K S A E A E X U Z C U T U D W
I S S X T G D T S J F T R F Z
R A T A I U I O C J U I E R C
Q D L C M N A N Y F M A L C B
X O W M E D A Y M G C W Ó G M
S W O J H O U R F X O R G P V
S S Q W N T I V I J A Q I S A
U L B F W Y C D L Q C L O C K
```

ENGLISH

TIME
CLOCK
HOUR
MINUTE
LATE
EARLY
SECOND
DAY
PAST
FUTURE

PORTUGUESE

TEMPO
RELÓGIO
HORA
MINUTO
TARDE
CEDO
SEGUNDO
DIA
PASSADO
FUTURO

PUZZLE # 6

```
T  I  A  S  E  B  B  R  Y  R  G  E  B  Z  A
W  E  W  B  C  V  A  B  A  T  E  R  P  I  H
J  I  Q  Q  L  S  N  K  A  A  V  O  I  D  Z
G  I  F  U  S  M  G  T  E  N  T  A  R  F  T
P  P  K  A  I  G  V  X  V  W  R  T  S  R  V
L  R  E  O  A  L  I  O  I  F  U  T  A  K  Q
E  O  Q  R  R  N  I  Z  T  M  S  E  K  C  R
O  I  T  Y  G  Q  L  B  A  A  U  M  Y  I  K
K  B  Q  P  B  U  E  G  R  T  R  P  B  D  Y
N  I  W  V  I  H  N  W  T  A  T  T  A  L  S
B  R  V  O  F  P  X  T  I  C  R  R  L  B  N
L  F  H  Y  T  F  Z  O  A  A  T  C  A  A  Z
D  P  F  P  Z  K  P  O  P  R  M  Q  N  C  X
C  K  S  Z  M  A  T  R  A  I  R  X  C  K  T
K  Z  K  D  V  S  B  P  Y  Y  E  F  E  I  W
```

ENGLISH	PORTUGUESE
ASK	PERGUNTAR
ATTACK	ATACAR
ATTEMPT	TENTAR
ATTRACT	ATRAIR
AVOID	EVITAR
BACK	APOIAR
BAKE	ASSAR
BALANCE	EQUILIBRAR
BAN	PROIBIR
BANG	BATER

PUZZLE # 7

```
E  F  E  Y  X  E  O  D  Q  A  R  Z  L  O  T
H  R  K  A  W  T  W  Q  L  A  U  Z  E  H  E
X  J  Y  N  H  T  C  S  P  M  E  V  G  L  N
U  S  J  X  X  W  T  T  J  D  O  I  S  Z  B
H  P  K  G  S  O  U  B  X  N  E  F  Y  I  N
T  D  D  Z  V  Q  I  P  J  I  X  Y  J  Z  X
D  N  Y  B  C  Y  Z  T  C  N  H  M  Q  F  Z
M  I  Y  R  V  M  A  V  O  E  K  N  U  O  M
X  A  P  G  X  C  C  E  Z  B  C  A  U  Y
P  H  T  U  Z  N  Y  G  W  G  H  T  R  D
Q  R  X  Y  U  I  W  W  D  Z  M  T  R  Ê  S
F  M  J  V  C  E  W  W  Y  H  K  H  O  S  E
X  O  S  Q  Y  B  T  B  W  E  Q  R  I  N  V
R  S  L  P  G  F  E  J  F  I  V  E  D  E  E
Y  Z  D  C  G  K  Y  U  C  J  S  E  T  E  N
```

ENGLISH

ONE
TWO
THREE
FOUR
FIVE
SIX
SEVEN
EIGHT
NINE
TEN

PORTUGUESE

UM
DOIS
TRÊS
QUATRO
CINCO
SEIS
SETE
OITO
NOVE
DEZ

PUZZLE # 8

```
E  A  B  E  N  Ç  O  A  R  C  G  P  L  W  C
K  L  B  Q  Y  Q  P  B  D  E  E  O  G  L  R
D  V  D  O  X  U  C  N  B  S  A  F  R  N  O
P  E  R  T  E  N  E  C  E  R  K  Q  M  B  O
B  J  S  P  L  L  X  T  L  O  U  E  J  E  B
U  A  O  C  B  M  R  V  O  H  G  U  R  H  A
V  R  T  A  O  O  D  C  N  N  B  A  B  A  T
B  M  I  A  P  B  V  G  G  Q  B  L  L  V  T
B  C  J  M  L  T  R  I  N  A  K  E  E  E  L
J  A  O  E  P  H  E  I  Z  M  G  H  A  S  E
I  C  A  B  L  L  A  Y  R  U  T  L  C  W  S
M  K  H  A  D  L  O  R  C  T  E  H  H  N  R
M  I  S  T  U  R  A  R  V  Q  L  A  M  K  D
W  T  R  E  W  D  B  E  A  M  Q  G  T  D  V
V  R  H  R  E  M  I  T  I  R  J  Y  W  W  D
```

ENGLISH

- BARE
- BAT
- BATTLE
- BEAM
- BEG
- BEHAVE
- BELONG
- BLEACH
- BLESS
- BLEND

PORTUGUESE

- DESCOBRIR
- BATER
- BATALHAR
- EMITIR
- IMPLORAR
- COMPORTE-SE
- PERTENECER
- ALVEJAR
- ABENÇOAR
- MISTURAR

PUZZLE # 9

```
F  T  P  R  E  C  I  P  I  T  A  Ç  Ã  O  J
T  Q  Y  W  C  M  R  S  Z  H  A  D  R  O  Y
E  S  V  O  R  U  D  Q  C  Q  W  P  R  B  X
V  U  C  L  I  M  A  T  E  O  O  R  T  N  R
J  I  D  X  E  I  B  N  N  E  V  E  V  X  T
T  M  I  R  O  D  I  S  É  C  Z  C  C  X  L
Q  B  G  H  C  A  O  I  V  E  B  I  P  V  Y
K  O  N  U  R  D  M  S  O  L  W  P  H  F  U
H  T  E  M  P  E  S  T  A  D  E  I  N  U  S
U  O  K  I  X  P  H  A  N  U  W  T  N  R  R
H  R  W  D  C  L  I  M  A  P  D  A  G  D  P
O  N  Z  I  H  Z  S  G  B  V  I  T  Y  V  E
G  A  X  T  U  E  U  V  F  K  Q  I  X  H  W
E  D  Y  Y  V  E  N  T  O  S  T  O  R  M  B
T  O  R  N  A  D  O  E  G  O  U  N  Y  G  S
```

ENGLISH

PRECIPITATION
CLIMATE
FOG
SNOW
WIND
RAIN
SUN
HUMIDITY
STORM
TORNADO

PORTUGUESE

PRECIPITAÇÃO
CLIMA
NÉVOA
NEVE
VENTO
CHUVA
SOL
UMIDADE
TEMPESTADE
TORNADO

PUZZLE # 10

```
Z K B L O T Q A M M V A Q F Y
H L I B J Z S B U I F G H D D
B O W W T R C C P F J E K E N
B O R R A R I U S N A N R S O
C B U T A S V E R E X D J P P
H L L N C J H X U V P A E E I
H A E N C A I X O T A R S R F
S V B Q N E K G C K R R F D C
X F U O K J U L A V A R E I X
R A Y E O A K T D V F E R Ç D
A M B R A K E S D K U F V A I
M S O O L N P O W A S T E R B
T U L M X K N F R E A R R A S
O A T D E J D R V C R N S F D
C Y K T V O C X C L D K K C H
```

10

PUZZLE # 11

```
F  D  T  P  T  E  K  B  R  U  D  Y  S  B  B
E  M  G  B  L  A  C  K  F  N  F  H  I  T  R
M  P  Z  O  R  A  N  G  E  W  A  M  Z  M  O
E  X  M  I  P  U  R  P  L  E  H  U  X  C  S
T  A  B  J  I  R  V  A  C  I  C  I  N  Z  A
B  F  H  Y  N  L  E  Y  N  G  G  A  T  A  R
P  K  Q  Y  K  U  R  T  R  J  R  M  A  E  D
D  E  K  P  S  H  D  Y  O  B  A  A  V  N  D
B  G  S  H  H  S  E  F  X  L  Y  R  E  E  D
D  D  Z  H  N  F  Q  O  A  U  C  E  R  F  Z
V  P  M  W  K  Z  X  Q  W  E  R  L  M  X  Y
M  P  T  H  F  S  S  R  Z  G  U  O  E  H  L
L  G  M  Z  N  M  Y  N  P  Z  I  J  L  T  M
I  O  K  I  H  K  C  I  A  G  F  Q  H  J  O
G  Z  Y  W  K  G  R  J  Y  E  L  L  O  W  E
```

ENGLISH	PORTUGUESE
RED	VERMELHO
ORANGE	LARANJA
BLUE	AZUL
GREEN	VERDE
YELLOW	AMARELO
GRAY	CINZA
BLACK	PRETO
WHITE	BRANCO
PINK	ROSA
PURPLE	ROXA

PUZZLE # 12

```
N  Y  D  D  C  W  O  G  V  L  R  J  G  S  F
A  L  D  A  F  E  I  Ç  Ã  O  G  R  J  R  O
E  N  E  N  M  J  G  J  U  V  F  T  S  A  T
F  S  S  X  P  A  W  L  Y  E  F  E  A  R  W
Q  B  G  I  D  L  R  Z  Y  F  R  F  D  G  K
G  H  O  E  E  M  W  H  Q  R  U  E  N  V  Z
Q  L  S  T  A  D  T  D  S  U  S  U  E  E  J
X  T  T  Y  C  A  A  N  M  S  T  Q  S  M  Z
T  R  O  K  P  N  H  D  H  T  R  D  S  P  P
Q  I  Q  M  M  G  G  F  E  R  A  I  V  A  O
Z  S  E  A  L  E  G  R  I  A  Ç  S  D  T  W
C  T  M  S  X  R  D  J  P  T  Ã  G  J  I  S
Y  E  K  K  U  E  V  O  R  I  O  U  F  A  I
M  Z  S  Q  K  M  W  E  J  O  Y  S  P  B  N
F  A  F  F  E  C  T  I  O  N  T  T  K  X  B
```

ENGLISH
- FEAR
- ANGER
- DISGUST
- SADNESS
- LOVE
- ANXIETY
- JOY
- EMPATHY
- FRUSTRATION
- AFFECTION

PORTUGUESE
- MEDO
- RAIVA
- DESGOSTO
- TRISTEZA
- AMAR
- ANSIEDADE
- ALEGRIA
- EMPATIA
- FRUSTRAÇÃO
- AFEIÇÃO

PUZZLE # 13

```
G  P  P  K  B  R  U  S  H  V  P  F  K  O  H
F  E  R  I  R  U  A  R  L  M  D  Y  O  J  G
W  P  O  S  U  U  B  Q  U  E  I  M  A  R  B
R  Y  H  O  I  A  X  B  U  R  N  X  F  N  R
U  E  A  Y  S  Y  C  O  L  I  D  I  R  X  D
H  U  Y  V  E  R  A  B  R  E  A  T  H  E  L
P  B  O  R  B  U  L  H  A  R  C  R  J  S  B
R  S  E  K  G  U  C  M  R  O  Y  M  N  L  Q
K  R  N  K  V  E  U  A  U  J  U  N  L  I  L
I  Z  T  M  G  X  L  V  P  B  V  A  P  G  F
B  H  E  W  G  U  A  W  A  T  C  H  M  A  D
K  U  R  A  C  S  T  E  S  C  O  V  A  R  M
Z  L  R  L  K  R  E  S  P  I  R  A  R  N  X
D  O  A  Y  P  K  I  I  P  E  P  I  T  X  A
W  C  R  R  Y  W  R  X  K  C  U  D  I  B  J
```

ENGLISH
WATCH
BREATHE
BRUISE
BRUSH
BUBBLE
BUMP
BURN
BURY
CALCULATE
CALL

PORTUGUESE
VER
RESPIRAR
FERIR
ESCOVAR
BORBULHAR
COLIDIR
QUEIMAR
ENTERRAR
CALCULAR
LIGAR

PUZZLE # 14

```
Z  R  E  J  K  M  O  J  Q  V  F  F  D  F  Q
E  P  Y  C  R  V  S  B  M  U  V  R  B  T  Q
J  B  E  A  R  V  U  G  H  Z  I  E  K  L  T
V  N  S  I  V  Z  R  J  N  J  E  B  W  T  R
W  O  K  T  T  W  Q  A  W  V  A  F  O  A  A
N  S  O  V  O  P  X  G  V  B  G  R  T  B
W  E  N  L  G  M  N  C  M  E  B  S  E  P  S
P  C  A  B  E  Ç  A  N  H  A  R  D  L  O  H
Y  H  R  V  S  G  K  C  N  I  A  I  H  H  O
O  E  I  K  T  O  U  R  H  V  Ç  L  A  M  U
D  S  Z  O  Ô  Y  E  L  X  G  O  V  N  Y  L
U  T  N  Q  M  P  E  S  C  O  Ç  O  D  X  D
K  R  H  E  A  D  I  Q  L  N  F  L  W  T  E
M  X  M  T  G  R  I  N  C  L  A  Z  X  F  R
O  M  B  R  O  G  R  J  R  U  E  E  I  U  F
```

ENGLISH

ARM
EYES
NOSE
EAR
LEG
SHOULDER
STOMACH
CHEST
NECK
HEAD

PORTUGUESE

BRAÇO
OLHOS
NARIZ
ORELHA
PERNA
OMBRO
ESTÔMAGO
PEITO
PESCOÇO
CABEÇA

PUZZLE # 15

```
U  N  J  W  Y  Q  L  C  A  R  R  Y  M  C  B
C  Y  G  D  O  A  M  H  A  D  C  J  C  A  Y
B  O  N  A  A  D  C  A  R  R  E  G  A  R  T
E  M  Y  V  S  K  C  L  W  J  E  K  U  R  N
U  X  O  S  G  W  H  L  B  I  E  Q  S  E  E
U  A  T  V  C  H  E  E  R  A  J  Y  A  G  S
C  G  G  E  A  D  A  N  E  A  J  V  R  A  C
U  W  C  R  M  E  T  G  A  N  I  M  A  R  U
H  Z  A  I  P  S  R  E  C  G  G  F  V  G  L
E  P  R  F  Z  A  I  F  E  V  G  A  U  R  P
M  R  V  I  H  F  W  S  N  Z  E  S  N  Y  I
C  H  E  C  K  I  U  M  C  U  I  D  A  R
I  Q  D  A  K  A  C  A  M  P  A  R  E  Y  R
C  R  L  R  C  R  G  T  U  C  I  J  P  K  U
R  D  C  V  L  O  N  S  Z  H  W  C  H  E  U
```

ENGLISH	PORTUGUESE
CAMP	ACAMPAR
CARE	CUIDAR
CARRY	CARREGAR
CARVE	ESCULPIR
CAUSE	CAUSAR
CHALLENGE	DESAFIAR
CHARGE	CARREGAR
CHEAT	ENGANAR
CHECK	VERIFICAR
CHEER	ANIMAR

PUZZLE # 16

```
Z  B  W  S  S  V  K  T  Q  U  O  X  T  Z  I
A  W  M  F  G  M  M  G  Q  P  S  Y  Y  M  B
K  I  G  I  R  R  O  G  B  F  N  M  D  H  S
Z  M  D  L  A  J  A  T  V  T  I  O  F  Q  I
D  S  C  H  N  P  V  N  H  W  L  S  A  K  J
Y  T  G  O  D  U  Ó  E  D  E  G  Z  T  K  K
D  O  S  N  D  S  F  T  M  P  R  F  H  T  E
M  A  A  D  A  H  U  A  Y  P  A  I  E  P  K
W  T  U  G  U  Q  D  S  Q  F  N  R  R  U  V
B  T  J  G  G  A  Y  I  T  R  D  M  D  M  Y
B  R  O  T  H  E  R  S  L  V  S  Ã  Ã  E  Ã
V  W  L  L  T  T  V  T  Y  Z  O  O  Y  E  D
V  I  I  L  E  Q  E  E  K  T  N  V  I  J  K
B  F  T  U  R  G  Y  R  E  H  Y  J  Ô  K  L
J  G  S  I  G  R  A  N  D  M  A  A  J  I  U
```

<table>
<tr><td rowspan="10">ENGLISH</td><td>MOTHER</td><td rowspan="10">PORTUGUESE</td><td>MÃE</td></tr>
<tr><td>FATHER</td><td>PAI</td></tr>
<tr><td>SISTER</td><td>IRMÃ</td></tr>
<tr><td>BROTHER</td><td>IRMÃO</td></tr>
<tr><td>DAUGHTER</td><td>FILHA</td></tr>
<tr><td>SON</td><td>FILHO</td></tr>
<tr><td>GRANDMA</td><td>AVÓ</td></tr>
<tr><td>GRANDPA</td><td>VOVÔ</td></tr>
<tr><td>GRANDSON</td><td>NETO</td></tr>
<tr><td>GRANDDAUGHTER</td><td>NETA</td></tr>
</table>

PUZZLE # 17

```
B  F  L  D  A  C  H  M  O  D  C  L  E  A  N
V  R  R  T  P  L  O  S  V  F  O  H  B  G  U
A  P  F  H  L  Z  E  Z  Q  H  L  C  E  F  C
K  Z  A  O  A  U  G  G  L  R  E  W  C  W  O
D  G  M  O  U  G  M  M  A  S  T  I  G  A  R
K  D  X  C  D  W  I  D  C  R  A  H  H  A  T
D  L  Z  E  I  D  N  D  R  E  R  M  P  C  A
Y  L  R  Q  R  A  F  T  L  J  J  M  E  O  R
Z  C  O  N  M  B  Y  V  C  P  I  L  V  M  S
F  G  W  O  H  R  T  K  I  L  L  G  I  M  R
H  S  C  L  I  P  Z  L  B  O  A  A  A  A  P
V  U  H  L  T  Y  E  Q  C  M  L  R  C  N  Z
D  E  O  T  E  P  K  B  J  C  N  I  E  D  H
Z  Z  K  G  C  A  D  C  H  O  P  C  L  A  P
A  X  E  U  K  F  R  C  S  U  F  O  C  A  R
```

ENGLISH	PORTUGUESE
CHEW	MASTIGAR
CHOKE	SUFOCAR
CHOP	PICAR
CLAIM	ALEGAR
CLAP	APLAUDIR
CLEAN	LIMPAR
CLEAR	CLAREAR
CLIP	CORTAR
COLLECT	COLETAR
COMMAND	COMANDAR

PUZZLE # 18

```
M  N  W  W  G  E  R  T  D  R  G  O  C  L  B
Y  P  C  W  S  F  C  A  M  P  T  G  R  Y  J
U  K  R  I  Y  A  O  Y  Q  N  S  F  U  L  X
G  Y  U  Z  D  D  T  G  E  Z  S  X  I  M  T
U  R  Z  M  Z  X  T  M  T  U  R  I  S  M  O
C  F  E  Z  Q  V  A  Z  Z  C  B  I  E  C  W
F  P  I  N  I  P  G  I  V  L  R  O  N  R  E
X  H  R  G  M  O  E  M  I  U  G  L  H  U  L
H  T  O  A  M  Y  F  É  O  A  V  C  J  Z  X
M  O  C  T  I  J  L  T  E  D  A  W  U  E  N
S  A  A  I  E  A  I  U  S  E  G  V  J  I  V
A  L  L  Q  H  L  G  U  B  M  H  S  Ô  R  M
U  H  Q  C  F  A  H  O  N  E  Y  M  O  O  N
R  A  R  U  H  O  T  E  L  L  R  D  X  E  Q
E  P  W  I  L  O  I  V  M  P  L  W  G  Z  K
```

ENGLISH

HONEYMOON
COTTAGE
TOWEL
CAMP
CRUISE
FLIGHT
CRUISE
TOURISM
HOTEL
BEACH

PORTUGUESE

LUA DE MEL
CHALÉ
TOALHA
ACAMPAMENTO
CRUZEIRO
VÔO
CRUZEIRO
TURISMO
HOTEL
PRAIA

PUZZLE # 19

```
O  C  O  M  P  L  E  T  A  R  E  F  B  C  J
E  O  Q  C  C  F  C  O  A  T  R  Y  C  O  V
P  N  E  I  O  O  D  U  E  A  N  C  O  N  O
L  S  R  D  G  M  N  L  S  N  V  O  N  C  Y
E  I  Z  F  G  I  P  S  I  J  H  M  C  E  C
J  D  G  O  T  M  E  A  I  O  N  P  E  N  N
P  E  K  N  O  F  L  S  R  S  I  A  N  T  U
H  R  O  C  N  P  N  T  C  E  T  R  T  R  C
U  C  E  O  M  F  H  N  F  N  A  A  R  A  O
Q  O  C  O  N  S  I  D  E  R  A  R  A  T  N
T  M  C  F  C  O  N  S  I  S  T  I  R  E  F
Z  P  T  H  W  U  J  C  O  N  T  I  N  U  E
Z  E  K  C  O  M  P  E  T  I  R  V  U  L  S
O  T  P  R  E  C  L  A  M  A  R  B  P  V  S
P  E  C  C  O  N  C  E  R  N  V  D  X  V  S
```

ENGLISH
- COMPARE
- COMPETE
- COMPLAIN
- COMPLETE
- CONCENTRATE
- CONCERN
- CONFESS
- CONSIDER
- CONSIST
- CONTINUE

PORTUGUESE
- COMPARAR
- COMPETIR
- RECLAMAR
- COMPLETAR
- CONCENTRAR
- PREOCUPAR
- CONFESSAR
- CONSIDERAR
- CONSISTIR
- CONTINUAR

PUZZLE # 20

```
D  E  N  C  A  N  A  D  O  R  M  E  H  Z  I
E  L  E  T  R  I  C  I  S  T  A  R  L  A  B
A  E  P  M  V  H  V  A  L  Y  K  P  W  O  N
H  C  I  U  V  W  W  O  K  D  V  H  U  U  P
U  T  T  W  P  R  O  F  E  S  S  O  R  U  L
J  R  F  O  T  Ó  G  R  A  F  O  T  V  M  U
F  I  F  I  R  E  M  A  N  W  B  O  D  G  M
G  C  O  O  K  H  G  R  I  C  O  G  E  R  B
G  I  O  N  F  N  O  G  P  E  M  R  N  D  E
V  A  M  Z  E  C  L  U  W  Q  B  A  T  O  R
Y  N  T  S  I  N  G  E  R  R  E  P  I  C  B
M  Y  G  D  E  N  T  I  S  T  I  H  S  T  B
C  Y  É  R  S  H  H  A  A  O  R  E  T  O  E
O  M  U  X  D  P  C  A  N  T  O  R  A  R  Q
H  N  T  E  A  C  H  E  R  E  R  Y  W  R  B
```

ENGLISH

FIREMAN
DOCTOR
DENTIST
SINGER
ACTOR
ELECTRICIAN
PLUMBER
TEACHER
PHOTOGRAPHER
COOK

PORTUGUESE

BOMBEIRO
MÉDICO
DENTISTA
CANTOR
ATOR
ELETRICISTA
ENCANADOR
PROFESSOR
FOTÓGRAFO
COZINHAR

PUZZLE # 21

```
Q  S  E  V  C  O  L  I  D  I  R  A  R  F  F
P  C  O  P  Y  H  T  A  N  W  X  Z  E  N  E
S  U  R  U  T  N  O  Q  W  I  D  S  T  W  M
K  R  M  O  U  R  G  R  L  R  A  C  H  A  R
V  L  P  O  S  A  T  R  A  V  E  S  S  A  R
W  D  C  R  U  S  H  I  G  R  L  L  L  R  N
Y  I  R  R  D  T  R  P  R  Q  A  O  Y  S  D
Z  Y  A  K  Y  E  W  O  T  K  R  A  D  C  D
F  V  C  T  I  J  C  P  S  N  G  A  W  R  V
G  S  K  R  H  A  D  O  E  S  M  A  G  A  R
C  O  N  T  A  R  F  R  P  O  E  L  C  W  F
L  L  T  D  L  S  W  E  A  I  K  Y  G  L  I
H  M  S  F  Z  O  H  Z  I  Q  A  E  C  M  K
S  V  F  E  C  O  R  R  I  G  I  R  E  F  P
A  X  U  J  Z  F  D  V  B  A  L  X  A  K  Z
```

ENGLISH

COPY
CORRECT
COUNT
CRACK
CRASH
CRAWL
CROSS
CRUSH
CRY
CURL

PORTUGUESE

COPIAR
CORRIGIR
CONTAR
RACHAR
COLIDIR
RASTEJAR
ATRAVESSAR
ESMAGAR
CHORAR
ENROLAR

PUZZLE # 22

```
H G A R A G E A L G Q C L P Y
S T K Q R B I K I B M H B B W
L P C D M A L X V A C M E F M
V A Á L Á T N F I N O V D W S
O T O T R H B K N H B G R W F
X I B R I R X F G E E A O F M
Y O C D O O R W R I R R O G T
R Q T T D O J P O R T A M W C
L U C L E M F T O O U G P P D
L U O L R M R L M X R E N X U
V K Z W O A F I R O A M A F F
R Z I H U S K G Z E T O E D Y
F S N Q P Z E H Q L P I Y M S
H Z H A A K I T C H E N H A W
X S A L A D E E S T A R M Y E
```

ENGLISH
- LIGHT
- LIVING ROOM
- BATHROOM
- DOOR
- KITCHEN
- PATIO
- ROOF
- GARAGE
- CLOSET
- BEDROOM

PORTUGUESE
- LUZ
- SALA DE ESTAR
- BANHEIRO
- PORTA
- COZINHA
- PÁTIO
- COBERTURA
- GARAGEM
- ARMÁRIO DE ROUPA
- QUARTO

PUZZLE # 23

```
C T I Q X D W H I S T L E C V
C U O D K U S Y R D F D A D G
Y I R I T D A U M Q O E S E T
C D E V A L E R S U T C S L T
F E N H E U Z O N S K A O I D
D C G D A M A G E A U I B V E
G A A E E R T C R T D R I E C
R Y N L L C E N T R E G A R E
H U A I G W I Z U A C A R R I
F G R G F M H D G S I S C E V
A C Q H L I U I I A D J Q P E
J J G T S L C Y S R E C C K K
Y W H V G Y R A Z P T N Z V N
G L D E L Í C E R J E J D A H
H I A V X K A H D O B R A R J
```

ENGLISH

CURVE
WHISPER
WHISTLE
DAMAGE
DECAY
DECEIVE
DECIDE
DELAY
DELIGHT
DELIVER

PORTUGUESE

DOBRAR
SUSSURAR
ASSOBIAR
DANIFICAR
DECAIR
ENGANAR
DECIDIR
ATRASAR
DELÍCER
ENTREGAR

PUZZLE # 24

```
U  V  O  I  Q  W  V  R  S  Z  N  W  F  R  O
E  G  F  L  C  K  A  R  B  U  S  T  O  Q  Z
F  N  I  G  E  B  O  K  E  U  U  H  L  M  S
L  W  K  R  I  W  U  Q  T  Á  S  V  H  I  Q
S  T  F  D  A  U  E  C  M  U  R  Y  A  V  S
O  S  M  P  I  S  A  I  B  E  L  V  O  I  L
N  X  M  U  K  C  S  R  U  E  W  I  O  I  R
M  E  S  P  I  N  H  O  O  O  H  J  P  R  M
T  B  A  H  K  X  F  S  L  O  Z  U  A  A  E
E  S  K  U  Z  O  P  E  B  N  T  U  L  I  P
X  C  P  A  L  M  E  I  R  A  H  V  M  Z  G
K  S  Z  Z  Q  R  C  A  C  T  O  Q  T  E  F
A  K  D  D  T  O  S  H  E  G  R  X  R  O  H
Y  S  Q  S  K  O  J  W  U  C  N  L  E  A  F
L  B  K  H  R  S  U  N  F  L  O  W  E  R  R
```

ENGLISH
CACTUS
ROSE
SUNFLOWER
LEAF
TULIP
BUSH
THORN
PALM TREE
TREE
ROOT

PORTUGUESE
CACTO
ROSA
GIRASSOL
FOLHA
TULIPA
ARBUSTO
ESPINHO
PALMEIRA
ÁRVORE
RAIZ

```
B M P D E S T R O Y B A D F A
D E T E C T D D E S C R I B E
B D E S A P R O V A R E S B N
D I S C O V E R I M I N C K B
S A S R U D I S A P P R O V E
A D D E S E N V O L V E R B G
B I R V J A P R T Q P A D C R
N S I E G O A R U X M K A I V
Y A R R L T E B Y R P W R N P
C G S E C S O G A H E B Z C H
L R V E E O V S Z O O Q C L O
Z E T D E P E N D C Z A F N Q
D E P E N D E R S Z F T I R V
D I S A R M D E S T R U I R L
F T L O R M D E S E R T A R J
```

ENGLISH

DEPEND
DESCRIBE
DESERT
DESTROY
DETECT
DEVELOP
DISAGREE
DISAPPROVE
DISARM
DISCOVER

PORTUGUESE

DEPENDER
DESCREVER
DESERTAR
DESTRUIR
DETECTAR
DESENVOLVER
DISCORDAR
DESAPROVAR
DESARMAR
DESCOBRIR

PUZZLE # 26

```
U  M  P  C  U  U  C  I  Q  J  F  K  U  Z  P
A  M  D  E  Y  I  J  K  L  O  J  V  C  G  Y
I  Q  J  W  A  T  E  R  M  E  L  O  N  O  C
P  X  K  D  B  R  U  T  O  M  U  E  G  D  S
A  V  O  C  A  D  O  O  D  U  A  N  M  C  P
E  X  I  X  C  X  A  M  O  R  A  N  G  O  I
V  A  E  M  A  Y  P  A  I  M  P  Y  G  T  N
Y  S  W  E  X  K  H  T  S  A  P  V  A  A  E
I  F  B  L  I  C  M  O  N  F  L  R  X  S  A
O  D  F  A  S  T  R  A  W  B  E  R  R  Y  P
R  H  Q  N  N  L  N  E  Ç  P  Y  T  I  B  P
I  V  J  C  X  A  L  I  M  Ã  O  R  I  B  L
E  A  P  I  B  C  N  H  I  T  O  M  A  T  E
V  B  H  A  B  A  C  A  T  E  V  S  G  S  A
I  G  W  Z  H  H  R  M  O  A  Y  O  I  Z  X
```

ENGLISH
- APPLE
- PEAR
- TOMATO
- WATERMELON
- AVOCADO
- MANGO
- BANANA
- LEMON
- PINEAPPLE
- STRAWBERRY

PORTUGUESE
- MAÇÃ
- PERA
- TOMATE
- MELANCIA
- ABACATE
- MANGA
- BANANA
- LIMÃO
- ABACAXI
- MORANGO

PUZZLE # 27

```
S  X  W  S  Z  O  L  M  Z  V  K  T  V  O  V
E  F  F  Z  E  W  L  D  G  L  Z  I  C  D  E
D  N  Q  D  R  I  P  D  R  O  P  U  P  U  S
K  O  H  O  A  O  X  G  R  A  T  R  H  V  T
L  G  U  U  N  L  A  R  F  K  A  E  G  I  I
H  H  A  B  S  Z  U  C  H  P  P  M  J  D  R
W  J  R  L  T  D  W  D  U  P  L  I  C  A  R
B  D  R  E  N  A  R  C  V  S  J  M  H  R  R
K  D  A  S  G  R  O  E  Y  N  A  N  I  F  S
S  Q  S  Y  R  E  L  H  S  E  O  D  C  R  H
I  M  T  X  R  K  M  X  R  S  I  N  H  I  U
V  Q  A  P  K  K  D  I  V  I  D  E  U  B
W  O  R  R  Y  P  O  M  I  A  E  P  J  U  M
H  C  L  J  X  B  O  D  R  A  G  H  E  T  N
F  M  A  R  V  Z  I  D  E  R  R  U  B  A  R
```

ENGLISH

- WORRY
- DIVIDE
- DOUBLE
- DOUBT
- DRAG
- DRAIN
- DREAM
- DRESS
- DRIP
- DROP

PORTUGUESE

- PREOCUPAR
- DIVIDIR
- DUPLICAR
- DUVIDAR
- ARRASTAR
- DRENAR
- SONHAR
- VESTIR
- GOTEJAR
- DERRUBAR

PUZZLE # 28

```
C A U L I F L O W E R D S Y G
D O X A W C E N O U R A P O R
W W R K V O U J Q Y M G Q Z K
S I W N A U H A O P G Z V W B
K A H V E V B R O C C O L I E
L B L C H E E S P A R G O S R
T E L S E F I E D R M R H Y I
S E T S Ã L H V T R H E M E N
S T N T O O E M X O H X C G J
T S W C U R A R I T Y A A G E
K X Ó B O C L N Y L F N B P L
L R R T V R E P O L H O B L A
B E T E R R A B A S L O A A V
X R O B P H H U N R Q J G N R
T Y X A S P A R A G U S E T K
```

ENGLISH

ASPARAGUS
BEETS
BROCCOLI
CARROT
CABBAGE
CAULIFLOWER
CELERY
CORN
EGGPLANT
LETTUCE

PORTUGUESE

ESPARGOS
BETERRABAS
BRÓCOLIS
CENOURA
REPOLHO
COUVE-FLOR
SALSÃO
MILHO
BERINJELA
ALFACE

PUZZLE # 29

```
D E T A I L E D D E E P D D H
W H C D E P E N D E N T E N D
D E P R E S S I V O M T R O I
Y D I F E R E N T E R E A N L
C Y D E L I C A T E K A N G I
Z D E L I C I O S O D B G T G
L I E V T N F E R O I A E P E
V F V P C H D A D D L N D R N
S F P E R N N A Z B I D W O T
O E N P O E C D V G G O Z F E
Y R U S N I S E N N E N X U K
P E D X L Y M S F O N A H N Z
U N D E P E N D E N T D Y D T
A T D E T A L H A D O A P A Z
J K L X F D E L I G H T F U L
```

ENGLISH

DEEP
DELICATE
DELIGHTFUL
DEPENDENT
DEPRESSED
DERANGED
DESERTED
DETAILED
DIFFERENT
DILIGENT

PORTUGUESE

PROFUNDA
DELICADO
DELICIOSO
DEPENDENTE
DEPRESSIVO
DEMENTE
ABANDONADA
DETALHADO
DIFERENTE
DILIGENTE

PUZZLE # 30

```
Y  J  D  B  C  W  L  A  U  W  D  K  F  P  A
Z  I  U  S  M  K  Y  N  B  J  W  G  M  I  O
P  N  P  C  I  M  S  Y  P  M  F  A  C  A  E
X  R  O  P  C  C  O  L  H  E  R  R  W  R  I
M  I  R  C  R  O  W  A  V  E  I  F  E  E  I
U  L  B  H  O  S  W  D  A  A  G  O  E  F  S
B  X  Z  Ã  O  H  P  O  N  G  O  Y  K  R  S
K  L  G  T  N  L  C  O  P  O  R  Q  O  I  V
K  O  A  D  D  D  O  U  L  V  Í  B  F  G  W
F  R  A  B  A  P  C  A  A  N  F  I  Q  E  M
P  B  L  N  S  F  O  P  T  E  I  Q  B  R  A
J  Y  Y  L  K  N  I  F  E  F  C  Y  J  A  Z
L  S  B  S  E  X  X  J  S  T  O  V  E  T  R
V  A  Z  V  F  O  B  X  H  F  O  R  N  O  Y
Q  Z  O  X  F  C  Z  R  U  S  I  N  K  R  B
```

ENGLISH

STOVE
REFRIGERATOR
OVEN
CUP
MIRCROWAVE
SINK
SPOON
KNIFE
FORK
PLATES

PORTUGUESE

FOGÃO
FRIGORÍFICO
FORNO
COPO
MICROONDAS
PIA
COLHER
FACA
GARFO
PRATOS

PUZZLE # 31

```
V  H  A  Y  U  L  E  S  U  L  N  M  W  C  E
O  J  V  D  N  N  G  B  B  U  W  L  W  Q  M
W  S  O  S  P  E  N  C  O  R  A  J  A  R  P
T  E  R  M  I  N  A  R  K  Z  E  I  A  O  R
B  I  E  D  U  C  A  T  E  N  T  I  S  Z  E
H  S  T  M  D  O  Y  K  R  P  T  O  B  V  G
D  E  S  F  R  U  T  A  R  A  R  E  I  I  A
G  C  X  Y  R  E  M  P  T  Y  M  F  U  R
F  A  F  C  A  A  J  M  S  O  N  P  V  C  W
V  R  G  C  W  G  E  A  P  M  C  A  K  B  U
V  T  U  A  E  E  S  N  Z  L  I  T  P  W  L
V  D  V  V  N  E  N  J  I  U  O  H  R  E  F
E  Y  C  Y  D  H  Z  E  N  J  O  Y  F  M  L
E  S  V  A  Z  I  A  R  Q  P  D  N  D  Y  L
H  D  I  S  A  S  T  R  O  U  S  O  K  D  K
```

ENGLISH

DISASTROUS
DRY
EARN
EDUCATE
EMPATHY
EMPLOY
EMPTY
ENCOURAGE
END
ENJOY

PORTUGUESE

DESASTROSO
SECAR
GANHAR
EDUCAR
EMPATIA
EMPREGAR
ESVAZIAR
ENCORAJAR
TERMINAR
DESFRUTAR

PUZZLE # 32

```
T  J  J  U  H  N  Q  V  T  R  P  I  E  R  Z
Y  X  M  T  O  C  A  R  R  O  U  R  Z  G  I
H  Q  P  W  L  X  O  C  H  P  O  N  T  E  M
Z  J  I  X  E  P  B  S  N  L  I  C  N  G  V
S  V  I  U  R  S  H  C  I  A  N  E  H  X  Q
D  F  U  I  Z  B  C  H  J  D  T  K  R  Q  Z
C  U  A  N  I  J  L  O  E  V  E  I  R  Q  B
V  Z  I  P  M  H  L  O  L  K  R  W  U  C  E
N  M  P  A  R  K  Z  L  W  A  S  I  A  A  P
S  O  B  R  I  D  G  E  C  G  E  Y  G  L  E
K  T  G  Q  M  L  N  I  I  A  Ç  Y  L  Ç  K
H  Q  R  U  N  L  Q  F  B  R  Ã  V  T  A  N
I  N  T  E  R  S  E  C  T  I  O  N  O  D  X
X  D  A  A  E  R  O  P  O  R  T  O  F  A  L
Y  T  C  M  Y  T  Q  Y  K  O  K  L  Z  D  G
```

ENGLISH

- STREET
- SHOP
- SIDEWALK
- INTERSECTION
- CAR
- AIRPORT
- PARK
- SCHOOL
- BRIDGE
- PIER

PORTUGUESE

- RUA
- LOJA
- CALÇADA
- INTERSEÇÃO
- CARRO
- AEROPORTO
- PARQUE
- ESCOLA
- PONTE
- PIER

PUZZLE # 33

```
D E S C U L P A R M E D Q T T
W N X C B E X A M I N E J E W
T T J C L O N I K A T P J Q K
A R E B I I N T P G R C E P L
E A A Y M T U X E C E P O O C
M R M A J I E H G R T R M S F
B O X P R A D T H R E N Z E X
I E P L G S N T P R Y L N Y
A X X W V I O R S I Z T I T D
Z I C P X H A E X P L O D E D
T S U E A T R R X J H E O R N
P T S H I N W J K T U F G T Z
V I E C Y Q D E X P E C T A K
V R X I M V K I N G R N H I V
D E X P L O D I R S G W D N D
```

33

PUZZLE # 34

```
V  W  N  T  T  Z  M  J  U  J  I  F  C  B  L
Z  J  P  H  U  H  M  N  O  N  V  V  C  X  U
B  U  O  A  D  R  L  C  S  Z  U  V  I  Y  S
S  V  N  M  T  B  T  B  Ã  D  S  R  B  P  T
T  M  Y  S  C  O  E  L  H  O  Z  R  N  Z  L
G  O  A  T  A  D  H  R  E  A  B  K  W  E  K
O  R  X  E  T  E  P  F  H  F  D  A  Q  O  R
M  L  U  R  E  U  H  N  D  A  P  D  U  P  M
Y  T  O  M  E  T  A  R  T  A  R  U  G  A  H
X  H  W  Q  O  N  M  A  Q  O  B  C  T  P  L
J  M  N  R  A  J  S  B  Y  A  Y  K  I  A  Y
W  W  R  U  W  G  T  B  X  S  E  D  O  G  V
U  A  G  E  Z  W  E  I  I  G  U  A  N  A  R
P  I  U  A  V  D  R  T  J  P  Ó  N  E  I  S
B  V  W  T  K  J  D  R  N  F  G  A  T  O  V
```

ENGLISH	PORTUGUESE
CAT	GATO
DOG	CÃO
HAMSTER	HAMSTER
IGUANA	IGUANA
DUCK	PATO
PARROT	PAPAGAIO
RABBIT	COELHO
GOAT	BODE
PONY	PÓNEI
TURTLE	TARTARUGA

PUZZLE # 35

```
B X S A M F I L M A R Z B P H
J Q G P E F A C E O A M F X F
X G B O G F T N Y F I L E F A
U E O P R E E N C H E R A A S
K C B S D N M N R Y F I R S T
S E E W T C E O C I A A A T E
H W U R P A R N Y E X R X E N
K M O U C R R O Q P D Q O N N
T U G E U A I V Y Y F U V B X
Y Y P E U R R M R G E I H D R
K Z R C R E F O E F U V L Y O
D Y J Q K O E I X I Z A L M A
M N Y P U Y J Y H L R R J C K
G M R D T S G G Z L J O U R U
E H R Z Y G S Y Y E O T O L Q
```

ENGLISH
FACE
FANCY
FASTEN
FAX
FEAR
FENCE
FIRST
FILE
FILL
FILM

PORTUGUESE
ENCARAR
GOSTAR
FASTEN
FAX
TEMER
CERCAR
PRIMEIRO
ARQUIVAR
PREENCHER
FILMAR

PUZZLE # 36

```
A I R P L A N E G X S Q D B X
X K C W Y Q T R A I N V I P G
C E Z C K P Á Q T Y E X E X S
V W D C N H X B E F M P P Q N
A M O T O C I C L E T A D W O
R I M O T O R C Y C L E Z C O
A Z P B Y C I C L E L Z R V H
B W F X Z T M S V S J A A C M
S K A T E B O A R D B O A T T
V K A V I Ã O I Ô I Y U E R Y
Z M A M V C Z L D N C S S E B
M O E T R J S B W G I E G M F
F E Y A E H M O W X C B C G M
X J B Y N R J A A B L Z U C M
A I Y D D L K T T R E N Ó S O
```

ENGLISH	PORTUGUESE
BOAT	BARCO
TRAIN	TREM
SKATEBOARD	SKATE
AIRPLANE	AVIÃO
BYCICLE	BYCICLE
SAILBOAT	BARCO A VELA
MOTORCYCLE	MOTOCICLETA
SLED	TRENÓ
TAXI	TÁXI
BUS	ÔNIBUS

PUZZLE # 37

```
X H E W C O N S E R T A R F M
F I R E A Z P B K Z U F D L D
I L W N B R A M Y A R L I U O
F L O R E S C E R J Q U V T B
E I Z W R W S S G D I G U R R
F L O O D F N M B W I R L A A
F L A T T E N Q F C S X N R R
F O L D D B Z J D L P I F N M
P I V E E N P F L O A T G L Z
O N X N D T J S T L R S N V V
J U M E B H Y U P F A P H V V
E N U J I C W A C B R R Y F P
X D W D Z D U I G V F J D A L
U A W G T J R Q E J S T K G V
B R I L H A R R M G W D W G E
```

ENGLISH

FIRE
FIT
FIX
FLATTEN
FLASH
FLOAT
FLOOD
FLOW
FLOWER
FOLD

PORTUGUESE

DISPARAR
CABER
CONSERTAR
APLAINAR
BRILHAR
FLUTUAR
INUNDAR
FLUIR
FLORESCER
DOBRAR

PUZZLE # 38

```
R  M  L  G  C  Q  C  Z  S  S  K  N  R  M  V
S  E  X  C  Q  D  S  R  I  D  E  S  E  R  T
R  I  U  I  I  A  C  A  U  E  O  K  X  N  U
F  J  H  H  L  Z  Q  H  P  S  W  N  V  K  N
Y  T  M  O  S  H  E  G  M  E  Z  L  U  U  D
D  O  T  V  V  W  A  T  E  R  F  A  L  L  R
T  Y  Q  O  R  T  Q  M  Z  T  G  G  C  P  A
H  I  N  L  A  U  U  O  P  O  U  O  Ã  R  N
L  S  B  C  M  O  U  N  T  A  I  N  O  C  L
E  L  S  A  X  W  P  T  D  O  N  I  P  A  I
Y  A  P  N  Y  T  B  A  V  R  I  O  N  V  R
C  N  L  O  F  R  O  N  Q  E  A  Y  G  E  O
D  D  J  L  N  G  Y  H  V  T  D  J  V  R  O
Z  O  T  R  A  D  L  A  K  E  K  I  W  N  Z
E  K  C  L  J  A  C  Q  I  R  R  N  L  A  Z
```

ENGLISH

RIVER
MOUNTAIN
ISLAND
POND
WATERFALL
LAKE
VOLCANO
CAVE
TUNDRA
DESERT

PORTUGUESE

RIO
MONTANHA
ILHA
LAGOA
CASCATA
LAGO
VULCÃO
CAVERNA
TUNDRA
DESERTO

PUZZLE # 39

```
K  Z  B  L  E  N  C  O  N  T  R  A  R  A  T
A  A  Y  C  R  J  L  Y  W  A  V  E  Y  S  D
X  S  R  N  N  P  F  D  R  K  H  R  G  Y  I
P  O  S  W  C  O  N  D  K  T  F  K  R  B  J
F  A  K  U  M  X  A  A  A  C  O  L  A  R  J
N  G  D  P  S  U  F  G  F  G  L  R  B  I  X
L  Z  T  X  Q  T  R  A  L  O  L  T  D  L  G
F  Z  Y  N  G  A  A  R  P  O  O  U  D  H  D
L  R  E  X  T  X  M  R  K  D  W  Z  E  A  A
P  W  I  I  L  F  E  A  S  E  G  U  I  R  G
O  Z  R  G  H  F  O  R  Ç  A  R  L  Q  Y  S
A  F  W  P  H  C  O  F  A  U  G  E  J  B  D
W  T  F  C  I  T  F  U  E  C  S  W  W  D  I
R  H  F  D  Z  R  E  U  N  I  R  N  I  I  X
C  G  V  U  S  J  I  N  S  D  W  F  U  H  I
```

ENGLISH	PORTUGUESE
FOLLOW	SEGUIR
FORCE	FORÇAR
FOUND	ENCONTRAR
FRAME	ENQUADRAR
FRIGHTEN	ASSUSTAR
FRY	FRITAR
GATHER	REUNIR
GLOW	BRILHAR
GLUE	COLAR
GRAB	AGARRAR

PUZZLE # 40

```
T V B I O L O G Y F X I F P B
C O N H E C I M E N T O Í H F
Y K N O W L E D G E X Z S Y M
H V I V E C I P E S Q U I S A
O B S E R V A T O I N R C I T
U Z Q P S I C O L O G I A C H
W L U D G E O L O G Y H K S E
P S Y C H O L O G Y C N A V M
B I O L O G I A I R Z S F U A
E J O B S E R V A T O I N H T
Q U Í M I C A E I E P T A B I
T L G Z T A S T R O N O M Y C
K G M A T E M Á T I C A F L S
P A S T R O N O M I A B L A X
J L T X N E C H E M I S T R Y
```

ENGLISH

MATHEMATICS
BIOLOGY
PHYSICS
CHEMISTRY
GEOLOGY
PSYCHOLOGY
ASTRONOMY
RESEARCH
OBSERVATOIN
KNOWLEDGE

PORTUGUESE

MATEMÁTICA
BIOLOGIA
FÍSICA
QUÍMICA
GEOLOGIA
PSICOLOGIA
ASTRONOMIA
PESQUISA
OBSERVATOIN
CONHECIMENTO

PUZZLE # 41

```
I  G  U  A  R  A  N  T  E  E  Q  J  O  N  R
K  S  R  K  Z  I  V  C  C  B  G  T  C  N  H
T  L  C  E  U  M  F  C  L  I  B  U  K  M  A
R  U  A  Y  E  I  Q  Y  R  E  C  G  I  U  M
V  B  A  E  N  T  R  E  G  A  R  Q  J  D  M
L  R  V  A  D  I  V  I  N  H  A  R  C  P  E
T  I  R  K  J  Y  V  Q  V  K  L  H  D  H  R
F  F  Q  A  G  F  S  Y  J  G  A  A  N  A  M
D  I  J  G  A  R  A  N  T  I  R  P  L  N  P
A  C  G  U  U  Y  A  G  T  E  W  E  W  D  Q
Q  A  G  I  L  E  Q  T  M  G  T  R  A  U  H
G  R  O  A  N  Q  S  E  E  R  Z  T  N  S  A
D  H  W  R  Z  B  G  S  A  I  E  A  V  U  E
Y  K  B  H  Q  L  K  M  C  P  J  R  D  A  O
W  Z  N  C  U  M  P  R  I  M  E  N  T  A  R
```

ENGLISH

GRATE
GREASE
GREET
GRIP
GROAN
GUARANTEE
GUESS
GUIDE
HAMMER
HAND

PORTUGUESE

RALAR
LUBRIFICAR
CUMPRIMENTAR
APERTAR
GEMER
GARANTIR
ADIVINHAR
GUIAR
MARTELAR
ENTREGAR

PUZZLE # 42

```
L  X  E  X  E  C  U  T  A  R  W  G  C  A  Y
P  W  P  C  A  L  I  G  R  A  F  I  A  L  U
F  R  H  A  K  T  A  Z  D  E  S  E  N  H  O
X  A  F  C  A  L  L  I  G  R  A  P  H  Y  R
A  Q  A  K  O  R  Z  N  C  I  N  E  M  A  W
X  S  F  E  X  E  I  V  M  M  X  R  W  I  R
S  C  U  L  P  T  U  R  E  H  F  F  R  Z  S
M  D  D  A  N  C  E  Y  K  E  D  O  I  P  C
J  R  R  I  K  A  S  S  E  G  L  R  T  I  I
A  O  A  A  A  N  F  Q  C  P  X  M  I  N  N
M  P  M  M  M  T  C  D  G  R  X  O  N  T  E
M  A  A  R  N  A  S  I  N  G  I  N  G  U  M
D  E  S  I  G  N  E  S  C  U  L  T  U  R  A
K  U  R  H  Y  D  P  G  D  A  N  Ç  A  A  U
S  N  A  U  L  O  S  X  K  M  Y  X  D  A  R
```

ENGLISH

CALLIGRAPHY
SCULPTURE
PAINTING
DESIGN
DANCE
WRITING
SINGING
CINEMA
DRAMA
PERFORM

PORTUGUESE

CALIGRAFIA
ESCULTURA
PINTURA
DESENHO
DANÇA
ESCRITA
CANTANDO
CINEMA
DRAMA
EXECUTAR

PUZZLE # 43

```
H C A Q A S S O M B R A R Q P
H H T C Q J K T O A M A K H G
P I O U O P Q X M I G T W O K
F C G R L N E X I L E O D M Y
U R X A F U T N U S J H A Q M
J X F R X N N E D R F D E R M
H W L T U I L N C U A G A E O
H R E A O G D G T E R H E A L
Q O H X S R R A H A R A S S E
O A O N H U A N E A V N R F S
A N O J Q G J C L Z P G V Q T
N B K D J M U H P Y Q P M A A
E S K F I D D A O H A T E I R
Q Y O M T A A R V Y L O P N B
D U I N D I R I G I R H G I C
```

ENGLISH	PORTUGUESE
HANG	PENDURAR
HAPPEN	ACONTECER
HARASS	MOLESTAR
HARM	MAGOAR
HATE	ODIAR
HAUNT	ASSOMBRAR
HEAD	DIRIGIR
HEAL	CURAR
HELP	AJUDAR
HOOK	ENGANCHAR

PUZZLE # 44

```
G  U  E  T  E  A  C  H  E  R  N  N  S  M  F
A  N  D  O  G  U  L  N  C  O  L  E  G  A  S
D  I  U  P  R  I  N  C  I  P  A  L  N  C  T
S  V  C  R  T  A  N  T  S  R  F  M  C  A  U
O  E  A  D  Z  P  A  O  F  O  N  L  H  D  D
V  R  Ç  L  I  C  O  I  T  F  L  I  A  E  E
L  S  Ã  P  U  R  O  L  B  E  S  V  L  M  N
P  I  O  D  A  N  E  J  E  S  B  R  K  Y  T
L  D  E  P  X  Z  A  T  T  S  Q  O  B  Y  F
Y  A  C  A  D  E  R  N  O  O  B  O  O  K  I
M  D  Z  P  B  V  Z  R  H  R  X  N  A  K  Y
K  E  M  A  C  A  D  E  M  I  A  F  R  V  I
C  O  L  L  E  A  G  U  E  S  V  Z  D  S  M
Z  C  T  Q  U  N  I  V  E  R  S  I  T  Y  N
T  W  R  Q  Z  W  O  O  Q  P  Z  Y  M  A  M
```

ENGLISH

UNIVERSITY
ACADEMY
BOOK
TEACHER
CHALKBOARD
STUDENT
EDUCATION
PRINCIPAL
COLLEAGUES
NOTEBOOK

PORTUGUESE

UNIVERSIDADE
ACADEMIA
LIVRO
PROFESSOR
QUADRO
ALUNA
EDUCAÇÃO
DIRETOR
COLEGAS
CADERNO

PUZZLE # 45

```
Z F U O R B Q X O H E W V O I
M T R G L M U R M U R A R M B
X E E X Y R A S Q N P R X I Y
W R L A Y I D E N T I F Y D N
I E S H H M G I M A G I N E E
U S A I O P T N H K E R I N U
R P W M A R O N O M A M M T N
R E Y A B E A J P R U G P I C
C R H G R S D R O H E O R F Z
K A B I A S F N Q U O F O I A
V N Ç N Ç P G V J G O P V C E
I Ç G A A I W L N T W U E A I
V A C R R B F K H Y Q L S R L
B O S E J Y N T Y U V A H S E
I M P R E S S I O N A R Y J I
```

ENGLISH

HOP
HOPE
HUG
HUM
HUNT
IDENTIFY
IGNORE
IMAGINE
IMPRESS
IMPROVE

PORTUGUESE

PULAR
TER ESPERANÇA
ABRAÇAR
MURMURAR
CAÇAR
IDENTIFICAR
IGNORAR
IMAGINAR
IMPRESSIONAR
MELHORAR

PUZZLE # 46

```
C  O  N  C  O  R  R  Ê  N  C  I  A  O  S  X
D  K  B  N  G  J  S  T  E  N  N  I  S  K  T
G  J  D  B  C  I  C  L  I  S  M  O  G  I  R
L  V  F  B  Z  V  V  T  H  Ó  Q  U  E  I  G
F  U  T  E  B  O  L  Ê  Y  B  Y  U  G  N  C
F  W  M  R  Z  B  U  N  K  L  H  X  I  G  M
F  X  J  H  G  X  T  I  X  Y  O  L  N  A  A
M  F  G  Y  M  N  A  S  T  I  C  S  Á  B  R
B  A  S  E  B  A  L  L  S  Y  K  I  S  E  A
Y  A  P  R  S  Q  I  S  C  B  E  E  T  I  C
I  C  K  B  O  N  V  F  B  G  Y  H  I  S  I
S  P  J  F  C  O  R  R  I  D  A  G  C  E  N
X  W  T  T  C  X  E  X  Z  A  M  X  A  B  G
C  O  M  P  E  T  I  T  I  O  N  N  O  O  O
Q  K  K  W  R  E  S  T  L  I  N  G  T  L  S
```

ENGLISH	PORTUGUESE
GYMNASTICS	GINÁSTICA
COMPETITION	CONCORRÊNCIA
RACING	CORRIDA
CYCLING	CICLISMO
SOCCER	FUTEBOL
TENNIS	TÊNIS
SKIING	ESQUIAR
BASEBALL	BEISEBOL
HOCKEY	HÓQUEI
WRESTLING	LUTA LIVRE

PUZZLE # 47

```
I N F O R M A R C T S I J R N
H I N C R E A S E G M N A A K
A Q Z I N T E R P R E T A R L
W B V Y G L P T O D E E G R G
I W F T N R S F K J R R I U J
D N Q Z E E N Y N U E R D J A
L P J T R I H I J B E O I Z U
Y O N E Q N V N V F T M N L M
X I T M C S I W M U N P C W E
N N G I N T E R F E R E L N N
I P A W M R I N T E R R U P T
R G K Q B U I N S T R U I R A
H S R I N C L U D E J J R Y R
J D I N T E R F E R I R R F
J Y U Y I N T E R E S S A R X
```

ENGLISH	PORTUGUESE
INCLUDE	INCLUIR
INCREASE	AUMENTAR
INFORM	INFORMAR
INJECT	INJETAR
INJURE	FERIR
INSTRUCT	INSTRUIR
INTERPRET	INTERPRETAR
INTEREST	INTERESSAR
INTERFERE	INTERFERIR
INTERRUPT	INTERROMPER

PUZZLE # 48

```
M A B O X M B I R T H D A Y A
Q N E H B J Q Q I M F V R E N
S I V Y E A D A C I E A U N I
A V E C B N L P E S S O A S V
N E R C I T G Õ L R T D O E E
W R A E D A X N E C I I C R R
X S G L A R F V B S V N V G S
I Á E E S G I B R D A N Ç A Á
P R S B C N S V A D L E W C R
G I N R N J J D T L Y R N Q I
W O A A L N P E I Z L H J Q O
S T N Ç H Z L H O Z Y O J S N
Y P Y Ã O R X V N Z W F O S Y
A L H O S P E D E I R O V N X
U F E S T I V A L G U E S T S
```

ENGLISH

BIRTHDAY
DANCE
FESTIVAL
DINNER
CELEBRATION
ANNIVERSARY
BALLOONS
GUESTS
HOST
BEVERAGES

PORTUGUESE

ANIVERSÁRIO
DANÇA
FESTIVAL
JANTAR
CELEBRAÇÃO
ANIVERSÁRIO
BALÕES
PESSOAS
HOSPEDEIRO
BEBIDAS

PUZZLE # 49

```
D X I R R I T A T I N G O I R
V G E I G N O R A N T I O N F
I N S I D I O U S C I N I S I
Q U D X C C E K Z R N D N I N
I N V I N C I B L E C U Q D D
T W I M P O R T A D O S U I U
I G N O R A N T E I M T I O S
B E M T A E D F N B P R S S T
I N V E N C Í V E L E I I O R
I R R I T A N T E E T O T E I
L I M I N E N T E Y E U I S O
I M P O R T E D L N N S V R S
I N C O M P E T E N T E E L O
H W T Q M I N C R Í V E L G U
Z I N Q U I S I T I V O L J F
```

PUZZLE # 50

```
D  T  V  M  E  J  I  N  T  E  R  N  E  T  K
M  A  R  K  E  T  I  N  G  O  D  Y  Y  C  G
S  U  S  X  X  M  C  Q  T  T  Q  T  B  O  S
F  H  O  S  C  T  O  F  P  E  M  B  L  M  M
R  K  O  O  O  M  M  X  D  K  R  B  O  P  A
D  Z  I  C  M  Í  P  P  K  I  V  N  G  A  R
P  T  N  I  P  D  U  I  S  E  G  U  E  R  K
O  U  T  A  U  I  T  N  W  O  V  R  Q  T  E
T  S  E  L  T  A  A  T  H  H  A  U  K  I  T
L  N  R  M  E  S  D  E  A  H  G  O  X  L  I
L  D  N  E  R  O  O  R  S  V  O  B  C  H  N
H  N  E  D  D  C  R  N  H  A  S  H  T  A  G
W  P  T  I  L  I  K  E  T  N  T  T  N  R  B
I  I  X  A  C  A  M  T  A  S  A  U  X  R  T
W  H  F  O  L  L  O  W  G  Z  R  D  U  N  R
```

ENGLISH

SOCIAL MEDIA
INTERNET
MARKETING
BLOG
INTERNET
COMPUTER
HASHTAG
FOLLOW
LIKE
SHARE

PORTUGUESE

MÍDIA SOCIAL
INTERNET
MARKETING
BLOG
INTERNET
COMPUTADOR
HASHTAG
SEGUE
GOSTAR
COMPARTILHAR

PUZZLE # 51

```
M  I  U  J  S  N  S  J  G  F  X  T  C  Q  B
H  T  X  Q  H  Z  Z  J  U  M  P  K  I  C  K
Z  D  Q  Y  Y  Y  T  O  I  M  A  Z  F  E  I
Q  I  X  O  W  T  O  K  N  R  B  B  K  T  L
S  N  M  A  N  C  T  E  Y  G  R  L  Z  E  L
Q  V  C  M  V  I  M  E  E  A  K  I  E  U  P
Z  E  G  G  R  O  L  T  T  M  L  N  T  D  I
L  N  Z  I  D  G  M  L  O  E  K  V  F  A  R
H  T  Q  P  L  V  A  F  F  V  C  E  T  J  R
I  D  S  U  O  S  T  B  R  E  H  N  P  O  I
E  T  L  L  N  M  A  V  G  M  U  T  B  E  T
J  G  M  G  H  Y  R  D  G  H  T  A  C  L  A
F  O  J  O  Y  O  U  S  Z  O  A  R  P  H  T
Z  Y  K  D  M  J  U  L  G  A  R  X  O  A  E
V  R  F  L  E  M  B  A  R  A  L  H  A  R  U
```

ENGLISH

INVENT
IRRITATE
JOYOUS
JOKE
JUDGE
JUMBLED
JUMP
KICK
KILL
KNEEL

PORTUGUESE

INVENTAR
IRRITAR
FELIZ
ZOAR
JULGAR
EMBARALHAR
SALTAR
CHUTAR
MATAR
AJOELHAR

PUZZLE # 52

```
O R G A N I Z A T I O N I V K
A Q Y U C K E M P R E G A D O
P B G U A S E L E V A T O R E
B X O R G A N I Z A Ç Ã O N H
C A N E T A S R M E Ç K O L I
I A D S S O O E E I Z F F C P
S S G C K D R Y S A E K J U S
N I M Ê A B O O A L S Q Z B S
O W B V N L P Z E E T J U Í R
I F E Z P C R T D A G E N C Y
R L S M H B I T V W V X J U P
E D E K J S N A C U B I C L E
R F T B Z G T P O S I T I O N
S E Z E S T E L E P H O N E S
D A M I M P R E S S O R A G Y
```

ENGLISH

CUBICLE
AGENCY
EMPLOYEE
POSITION
ORGANIZATION
PRINTER
DESK
TELEPHONE
PENS
ELEVATOR

PORTUGUESE

CUBÍCULO
AGÊNCIA
EMPREGADO
POSIÇÃO
ORGANIZAÇÃO
IMPRESSORA
MESA
TELEFONE
CANETAS
ELEVADOR

PUZZLE # 53

```
M  H  N  O  R  A  K  H  D  T  M  S  H  C  H
F  B  Q  T  A  R  P  N  E  U  T  L  X  Y  W
L  U  F  T  S  W  X  G  Y  K  R  L  X  A  W
R  O  T  U  L  A  R  A  Q  H  I  A  W  X  E
T  B  A  T  I  R  Q  O  E  R  C  N  R  S  Y
C  W  O  N  C  Y  T  S  A  D  O  Ç  C  R  S
E  Z  N  O  E  O  N  L  A  S  T  A  S  A  L
F  B  H  Q  N  E  E  S  P  S  A  M  D  R  Y
G  H  O  K  C  V  K  S  R  F  R  E  F  W  C
G  Q  W  I  I  H  N  J  E  H  K  N  O  C  K
V  I  L  N  A  A  I  G  N  L  R  T  I  S  A
D  S  A  E  R  D  T  X  D  A  T  O  N  P  G
C  G  U  J  V  I  S  A  E  B  X  P  S  V  O
Z  N  G  Y  C  E  R  L  R  E  L  I  B  D  D
V  T  H  M  H  M  L  K  L  L  A  U  N  C  H
```

ENGLISH	PORTUGUESE
KNIT	TRICOTAR
KNOCK	BATIR
KNOT	ATAR
LABEL	ROTULAR
LAST	DURAR
LAUGH	RIR
LAUNCH	LANÇAMENTO
LEARN	APRENDER
LEVEL	NIVELAR
LICENSE	LICENCIAR

PUZZLE # 54

```
B  S  S  F  N  K  R  I  X  F  I  F  T  J  B
Z  O  U  L  W  J  J  N  E  A  X  A  F  Z  W
T  K  P  A  V  E  S  T  R  U  Z  L  L  I  O
K  N  H  M  Q  H  I  K  E  C  E  C  A  B  W
G  D  Z  I  O  T  V  C  B  O  J  Ã  M  O  L
R  Z  U  N  O  W  C  Y  O  R  E  O  I  S  K
P  E  N  G  U  I  N  S  B  U  P  A  N  V  Y
C  A  C  O  Z  M  S  S  M  J  G  A  G  R  V
K  O  R  G  S  J  Y  L  E  A  U  O  O  L  X
M  C  L  R  V  T  U  N  P  I  G  E  O  N  E
L  R  T  P  O  Z  R  A  Á  L  G  A  N  S  O
C  K  E  X  M  T  P  I  N  G  U  I  M  U  E
I  K  I  X  Q  H  E  Z  C  D  U  I  W  O  P
H  F  X  E  J  W  R  Q  G  H  F  I  Y  G  A
T  K  R  J  H  T  U  R  K  E  Y  D  A  B  M
```

ENGLISH

- PARROT
- OWL
- HAWK
- FLAMINGO
- GOOSE
- EAGLE
- PIGEON
- TURKEY
- PENGUIN
- OSTRICH

PORTUGUESE

- PAPAGAIO
- CORUJA
- FALCÃO
- FLAMINGO
- GANSO
- ÁGUIA
- POMBO
- PERU
- PINGUIM
- AVESTRUZ

PUZZLE # 55

```
S  P  H  G  W  H  V  W  P  R  B  P  Q  W  Q
M  W  S  N  Q  O  G  W  L  O  C  K  C  N  O
U  Z  T  T  T  S  O  K  S  O  C  O  K  N  U
Q  L  O  C  L  A  S  T  L  I  S  T  E  P  S
O  A  W  B  I  Q  T  R  L  I  K  E  G  Z  N
W  M  U  S  S  C  A  B  A  I  X  A  R  L  H
C  C  V  Y  T  G  R  Q  M  M  S  W  L  O  B
H  G  Z  B  E  B  B  C  B  L  A  T  O  W  W
J  I  Y  R  N  B  L  T  E  S  W  R  A  E  R
C  D  R  T  L  A  S  V  R  X  T  C  D  R  O
E  A  M  A  E  O  I  I  U  A  N  T  E  Q  L
C  G  U  X  Z  L  V  O  F  X  N  V  C  Z  O
D  L  T  B  W  U  J  E  F  E  I  C  V  M  O
D  B  P  I  O  L  H  A  R  V  G  Z  A  N  K
X  Q  L  R  O  V  F  K  E  Y  Z  R  N  R  Y
```

ENGLISH

LICK
LIKE
LIST
LISTEN
LIVE
LOAD
LOCK
LOWER
LOOK
LOVE

PORTUGUESE

LAMBER
GOSTAR
LISTAR
OUVIR
VIVER
CARREGAR
TRANCAR
ABAIXAR
OLHAR
AMAR

PUZZLE # 56

```
L U L A W S H R I M P F A K S
C E X C Y H Q H C W N N C F U
E N G U I A A U A M A H H A C
R C R A B R D L I I I E J C H
C L A M N K O M E D N P Y J I
X A A G O Ã J L N R I A V U N
L M R C R Z A E F C Y S Z D I
H J X A N B A Q U I Q I Y O T
X W B M N Z F S X M S L J C N
M U K A W G O L F I N H O I Q
T I I R K V U P W Z G Z H Q R
J A I Ã L W W E S R X P F U O
O C T O P U S C J F L W F U M
R Z P E I X E F X O N R J I M
G T B O M Y G I D V S O Q O Q
```

ENGLISH

FISH
SHARK
WHALE
DOLPHIN
OCTOPUS
SQUID
CLAM
CRAB
EEL
SHRIMP

PORTUGUESE

PEIXE
TUBARÃO
BALEIA
GOLFINHO
POLVO
LULA
CLAM
CARANGUEJO
ENGUIA
CAMARÃO

PUZZLE # 57

```
T M O D C I G K W N U E L K J
R K L E M M A S S I V O Q G M
M Y D R E P E O C J I V I M R
Q A W R D O M A A Z N X H A P
O U T E D R L K S B T K H R V
Z I E T L T G S A U E C M C Q
I T L E E A C I R V R Y F A U
Q G E R I R U O I A M E E R C
T T P O J O X S M X E V W P G
A J G K P S E M B D R Y I R
I R I C A A G Q Z A I C U X Z
G H I Q M A T C H D R N F K Y
Q I U R N E U T E N L K A Y R
U H A A V W L M A R R Y L R K
C H M A R C H T M J X Y U B Y
```

<table>
<tr><td>ENGLISH</td><td>MANAGE
MARCH
MARK
MARRY
MATCH
MASSIVE
MATTER
MEASURE
MEDDLE
MELT</td><td>PORTUGUESE</td><td>GERIR
MARCHAR
MARCAR
CASAR
COMBINAR
MASSIVO
IMPORTAR
MEDIR
INTERMEDIR
DERRETER</td></tr>
</table>

PUZZLE # 58

```
A  K  B  X  R  L  C  T  Z  G  A  I  B  Q  U
Y  D  G  M  U  W  P  I  L  S  Y  O  Q  K  K
Z  L  S  V  W  U  O  G  Q  P  U  S  K  D  N
P  Q  R  B  N  C  H  R  O  S  A  G  B  K  G
E  L  E  F  A  N  T  E  X  H  C  N  O  Q  Z
P  P  S  C  P  D  I  A  L  A  S  A  D  U  H
N  E  A  W  A  D  D  E  T  S  D  Y  E  A  E
F  M  X  H  N  V  V  N  U  J  E  Q  Z  Y  D
A  S  N  O  D  O  A  Q  R  F  W  F  B  C  H
U  N  P  R  A  H  C  L  S  N  Y  Q  G  F  U
J  W  D  S  P  B  A  M  O  N  K  E  Y  G  N
U  D  L  E  U  E  T  I  G  E  R  R  F  N  M
J  C  L  X  C  A  L  E  Ã  O  S  I  H  R  I
I  E  Q  C  O  R  S  H  E  E  P  B  L  I  L
P  G  H  G  W  D  Z  V  P  C  A  T  E  S  N
```

ENGLISH

- COW
- SHEEP
- GOAT
- ELEPHANT
- TIGER
- LION
- MONKEY
- BEAR
- PANDA
- HORSE

PORTUGUESE

- VACA
- OVELHAS
- BODE
- ELEFANTE
- TIGRE
- LEÃO
- MACACO
- URSO
- PANDA
- CAVALO

PUZZLE # 59

```
V M O F L K Z I R Z I O T T S
T O L I A E T A F N R S M Q Q
J D X Y M X L D W O M I I Y A
K E T A E N H L Z T B D N R P
A R E P N L B G R J C E E V P
U N R B T Q K T B Y X V K X E
M I S S A G K M H E O H T M S
N Z A X R G B S M M R Z O O M
U A U X I M U J W E E M I L K
F R D K E M E N D N S I O E D
L M A Q K C R O Ç D J S C V I
E I D Z I U P C D A I T U O E
E N E V O A D A E R R Y L P A
M A V M O D E R N I Z E A I V
O R D E N H A R N K P N O S Z
```

ENGLISH

- MEND
- MESS UP
- MILK
- MINE
- MISS
- MODERNIZE
- MISTY
- MOURN
- MOVE
- MUSHY

PORTUGUESE

- EMENDAR
- BAGUNÇAR
- ORDENHAR
- MINAR
- TER SAUDADE
- MODERNIZAR
- ENEVOADA
- LAMENTAR
- MOVER
- MOLE

PUZZLE # 60

```
U  P  W  M  H  O  C  O  E  V  P  A  S  T  A
K  E  O  X  C  P  K  I  W  Z  T  V  U  D  Q
E  P  I  S  I  K  E  R  D  M  A  S  S  A  W
U  S  C  H  N  M  N  W  M  A  R  V  H  I  G
K  M  K  Y  W  C  B  F  N  N  R  Y  I  E  L
F  H  R  G  J  G  U  Q  S  T  O  B  T  S  S
D  J  N  D  V  K  L  Y  A  E  Z  R  D  O  W
J  H  I  Y  F  W  H  E  O  I  U  A  J  U  N
B  P  Y  J  V  L  M  G  H  G  L  S  O  P  A
W  Z  V  F  E  Q  E  S  O  A  U  S  E  S  P
E  R  I  B  L  S  U  I  S  H  R  R  T  A  Q
P  E  P  R  E  S  U  N  T  O  X  I  T  L  M
J  M  K  C  W  B  U  T  T  E  R  C  G  A  I
P  D  D  J  H  C  Q  C  A  R  N  E  H  D  L
D  Z  E  H  G  R  C  T  T  N  G  X  A  K
```

ENGLISH

- RICE
- HAM
- MEAT
- BUTTER
- YOGURT
- PASTA
- SOUP
- MILK
- SUSHI
- SALAD

PORTUGUESE

- ARROZ
- PRESUNTO
- CARNE
- MANTEIGA
- IOGURTE
- MASSA
- SOPA
- LEITE
- SUSHI
- SALADA

PUZZLE # 61

```
T   D   M   L   A   Q   U   W   B   I   L   F   B   V   Y
E   E   D   U   H   D   B   P   A   U   U   R   N   E   V
N   E   G   A   R   M   I   U   X   Y   W   L   B   U   M
A   U   U   T   K   D   D   R   O   W   W   O   U   D   Y
S   G   M   T   S   Z   E   Z   B   B   S   B   X   D   Y
O   Z   J   B   U   C   M   R   S   U   J   J   E   H   N
G   K   P   N   E   G   A   T   E   N   I   E   P   A   S
E   J   R   D   N   R   S   Y   R   S   N   C   T   D   Z
Q   S   E   U   N   P   T   Q   V   U   Y   T   G   A   R
Y   B   C   N   O   A   S   S   A   S   S   I   N   A   R
O   G   I   N   T   N   M   R   R   Z   H   P   H   A   V
J   P   S   J   E   O   Q   E   P   C   F   N   E   S   T
A   O   A   Q   L   T   Z   Z   F   K   I   M   Z   S   B
R   F   R   O   X   A   M   M   G   N   O   J   C   T   F
E   N   U   M   E   R   A   R   A   N   O   T   I   C   E
```

ENGLISH	PORTUGUESE
MURDER	ASSASSINAR
NAME	NOMEAR
NEED	PRECISAR
NEST	ANINHAR
NEGATE	NEGAR
NOTE	ANOTAR
NOTICE	OBSERVAR
NUMBER	ENUMERAR
OBEY	OBEDECER
OBJECT	OBJETAR

PUZZLE # 62

```
H A E K G K M E M V B K T Z P
P I Ó R B I T A E R F F G F D
C J U N I V E R S O O M U I P
U F P L A N E T A C G E O T L
Y G R B T H N H I K U R G O A
F A S T E R Ó I D E E U Z V N
J L L Q A I J L E T T D I A E
I Á Q L B W U U S S E E P Y T
F X J F B R N A P V P U R I I
C I A S T R O N A U T A B R G
G A R I K N E K C W U R Ç M A
J U N I V E R S E M O L B O L
W T Q A P R L S S I Z L U T A
S X U A S T R O N A U T F A X
G X R R Y C G R Z A D P T Y Y
```

ENGLISH

PLANET
GALAXY
SPACE
UNIVERSE
ORBIT
MOON
EARTH
ASTEROID
ASTRONAUT
ROCKET

PORTUGUESE

PLANETA
GALÁXIA
ESPAÇO
UNIVERSO
ÓRBITA
LUA
TERRA
ASTERÓIDE
ASTRONAUTA
FOGUETE

PUZZLE # 63

```
K  O  F  A  X  C  D  O  C  O  R  R  E  R  Q
V  R  L  L  B  A  H  E  P  A  I  N  T  P  Y
P  L  A  J  Y  R  T  O  V  E  R  F  L  O  W
W  Q  U  L  E  E  Y  R  X  E  L  F  V  O  X
K  O  U  D  S  U  E  L  P  M  R  U  E  N  F
Z  T  R  A  N  S  B  O  R  D  A  R  I  P  J
O  O  P  Y  B  G  Z  Y  R  S  O  G  M  Y  S
Y  G  G  O  B  S  E  R  V  E  Q  N  C  X  A
D  X  Q  B  S  O  T  M  Y  R  D  R  P  L  V
I  O  W  T  G  S  P  O  Z  S  A  P  O  W  N
W  G  L  A  H  O  U  N  W  T  N  A  C  W  R
A  B  R  I  R  P  O  I  N  Y  X  D  C  S  E
X  L  P  N  P  E  D  I  R  F  R  D  U  H  M
R  F  L  T  B  N  P  K  Q  A  C  L  R  K  A
K  K  Z  B  Y  C  E  E  O  B  T  E  R  W  R
```

ENGLISH

OBSERVE
OBTAIN
OCCUR
OPEN
ORDER
OVERFLOW
OWE
OWN
PADDLE
PAINT

PORTUGUESE

OBSERVAR
OBTER
OCORRER
ABRIR
PEDIR
TRANSBORDAR
DEVER
POSSUIR
REMAR
PINTAR

PUZZLE # 64

```
X E D Q D D K N W W L R W H D
D T C U F F E C O N T A V I I
X E C G J B L O E S P W O Z N
N L H A Z K F H S X M A O A E
I E E B E C C E T P U C U I R
B U F F E T R C V F L W A A U
I C I H I T G A R Ç O M T F O
D X B K I T G A R Ç O N E T E
R S C A F E T E R I A C K N Z
H R W U R U W R W J B U F Ê U
C H E F E D E C O Z I N H A C
H X I V Z T B T Q L L Q U O N
L C O Z I N H A O K L S H M E
G H B A R R A M J R F V M R H
B I W P C A R D Á P I O U M L
```

ENGLISH	PORTUGUESE
WAITRESS	GARÇONETE
WAITER	GARÇOM
DINER	O JANTAR
MENU	CARDÁPIO
BUFFET	BUFÊ
KITCHEN	COZINHA
BAR	BARRA
CHEF	CHEFE DE COZINHA
CAFE	CAFETERIA
BILL	CONTA

PUZZLE # 65

```
M V J J N Y P P J H P R P C Y
R B K P E R M I T I R A E O Z
W E Z E X P A U S A R R R O B
L G C A E E L J C Q B A M K S
E S Z C C C S I O K C P I C K
U U O E U K P T L S P A T G X
B Q W F T N S E A D J G A T Y
Z A V U A H E C R C I C X G P
V E G L R P S T G F I Y Y G A
S R Q U K E A H E F O O S U S
M K P T D K H S Í P A R N P S
K H U E R E C C S L A W M A A
H T W A E V A S X H A S M U R
T L I R V P I A V X I N T S L
W G I Y D U O E S C O L H E R
```

PUZZLE # 66

```
L  S  U  R  G  E  O  N  V  B  K  O  P  W  R
E  S  T  E  T  H  O  S  C  O  P  E  E  O  E
J  E  N  F  E  R  M  E  I  R  A  R  C  N  H
Y  P  M  E  D  I  C  I  N  E  T  V  I  M  N
E  S  T  E  T  O  S  C  Ó  P  I  O  R  E  M
I  N  P  E  D  I  A  T  R  A  E  A  U  D  P
R  E  M  É  D  I  O  R  U  Z  N  F  R  I  H
A  P  Z  F  D  O  C  T  O  R  T  G  G  C  A
R  Y  V  C  N  V  F  A  R  M  A  C  I  A  R
S  C  P  A  C  I  E  N  T  E  M  E  Ã  M  M
F  E  P  N  U  C  L  I  N  I  C  R  O  E  A
C  O  N  S  U  L  T  Ó  R  I  O  Q  I  N  C
P  E  D  I  A  T  R  I  C  I  A  N  E  T  Y
G  G  Y  C  I  A  T  T  M  É  D  I  C  O  P
R  R  P  F  I  X  S  T  N  U  R  S  E  S  F
```

ENGLISH

DOCTOR
MEDICINE
PATIENT
CLINIC
MEDICATION
SURGEON
NURSE
PHARMACY
PEDIATRICIAN
STETHOSCOPE

PORTUGUESE

MÉDICO
REMÉDIO
PACIENTE
CONSULTÓRIO
MEDICAMENTO
CIRURGIÃO
ENFERMEIRA
FARMACIA
PEDIATRA
ESTETOSCÓPIO

PUZZLE # 67

```
V P L E A S E P A M V C J Z C
K L S V I J S L Z O B G P P Y
H A Z L S S T A P O N T A R R
X N P G E A O S M R X T E W S
Y T K S R C U T U C A R E D M
P B S X U W R I Y Y T Z M H F
Y O H V O U A C E N F T S B X
P L A N T A R A I Y P F C V D
W P O R F A V O R Y L U V K K
U X A R T I P I N C H B Z K R
V W A S T P O L I S H E D G L
K L O S K P L Á S T I C O R A
Z P O S S U I R E R V C V Q I
U P O K E D R L L E Z G F C K
C O M P R I M I R A Y Q H T I
```

ENGLISH

PINCH
PLASTIC
PLANT
PLEASE
POINT
POKE
POLISH
POP
POSSESS
POST

PORTUGUESE

COMPRIMIR
PLÁSTICO
PLANTAR
POR FAVOR
APONTAR
CUTUCAR
POLIR
ESTOURAR
POSSUIR
POSTAR

```
B  X  Q  U  A  Q  P  A  U  I  D  T  Y  D  J
P  P  Y  Z  R  D  G  W  G  M  S  O  F  Q  F
V  A  O  M  W  N  W  N  Y  G  Y  A  M  X  A
P  N  N  I  T  B  J  T  T  R  V  S  O  S  L
I  Q  E  C  R  O  I  S  S  A  N  T  T  H  Q
C  U  J  Á  A  O  E  L  D  N  V  U  A  N  Y
U  E  H  H  L  K  F  K  M  O  B  R  O  X  C
F  C  R  C  Y  L  E  V  Q  L  D  C  E  S  T
B  A  O  E  X  L  P  K  O  A  T  M  E  A  L
T  O  R  R  A  D  A  H  L  É  W  U  N  T  N
L  Y  L  E  V  L  M  J  F  J  H  Z  G  M  F
J  O  R  O  E  T  E  A  E  L  G  Z  I  E  R
X  E  V  J  I  K  C  O  F  F  E  E  G  B  S
C  O  G  R  A  N  O  L  A  N  Q  A  E  Q  V
E  G  G  C  R  O  I  S  S  A  N  T  U  K  I
```

ENGLISH	PORTUGUESE
COFFEE	**CAFÉ**
TEA	**CHÁ**
PANCAKE	**PANQUECA**
CROISSANT	**CROISSANT**
TOAST	**TORRADA**
OATMEAL	**AVEIA**
EGG	**OVO**
GRANOLA	**GRANOLA**
CEREAL	**CEREAL**
CAKE	**BOLO**

PUZZLE # 69

```
E  A  Q  T  C  P  N  P  R  E  A  C  H  E  R
D  E  R  R  A  M  A  R  W  D  Z  Y  E  A  N
J  R  P  P  R  E  F  E  R  I  R  D  G  J  T
V  R  O  S  Y  W  D  C  Q  I  N  E  S  S  T
V  M  U  A  S  P  R  E  F  E  R  P  E  A  Y
A  W  R  C  V  I  R  D  T  P  X  R  P  Z  H
O  P  R  E  C  E  D  E  R  T  A  E  R  V  P
M  R  R  M  E  T  R  I  S  P  D  S  E  L  N
M  I  A  E  W  P  M  X  E  E  P  E  P  C  A
I  N  W  R  S  I  A  R  K  F  R  R  A  K  X
U  T  J  J  R  E  P  K  Z  I  E  V  R  A  I
K  N  I  P  M  T  N  O  X  N  S  E  A  W  H
R  D  M  D  Y  P  H  T  I  G  E  Z  R  R  V
C  I  V  V  U  Y  I  M  A  I  N  P  K  Z  M
F  C  N  E  L  S  X  F  A  R  T  C  J  F  E
```

ENGLISH

POUR
PRAY
PREACH
PRECEDE
PREFER
PREPARE
PRESENT
PRESERVE
PRETEND
PRINT

PORTUGUESE

DERRAMAR
ORAR
PREGAR
PRECEDER
PREFERIR
PREPARAR
APRESENTAR
PRESERVAR
FINGIR
IMPRIMIR

PUZZLE # 70

```
X  G  O  G  N  W  Z  A  B  E  H  V  W  L  S
O  M  W  E  Z  S  X  F  M  T  U  F  C  L  Q
R  F  B  R  H  W  Q  R  N  Z  L  F  L  S  E
R  Y  F  P  R  O  D  U  C  T  S  P  I  L  I
L  E  D  E  S  C  O  N  T  O  P  U  E  X  L
F  T  C  P  R  C  A  S  H  I  E  R  N  N  W
S  A  L  E  S  M  A  N  L  R  G  C  T  O  C
R  T  T  I  I  P  B  C  L  O  T  H  E  S  O
C  F  D  H  U  P  Y  K  O  W  L  A  E  S  M
E  L  G  O  G  D  T  B  F  A  B  S  H  H  P
O  T  R  X  W  L  I  V  E  N  D  E  D  O  R
T  F  X  B  O  C  O  U  R  W  E  J  C  P  A
H  S  L  R  E  B  S  J  T  D  K  B  O  P  S
M  H  B  R  C  A  I  X  A  H  I  H  H  E  S
L  Q  Z  P  R  O  D  U  T  O  S  Z  Y  R  V
```

ENGLISH

SHOP
PRODUCTS
PURCHASE
CASHIER
OFFER
RECEIPT
CLOTHES
SHOPPER
SALESMAN
DISCOUNT

PORTUGUESE

LOJA
PRODUTOS
COMPRA
CAIXA
OFERTA
RECIBO
ROUPAS
CLIENTE
VENDEDOR
DESCONTO

PUZZLE # 71

```
D  P  R  O  V  I  D  E  N  C  I  A  R  C  B
R  R  R  A  Y  P  U  N  I  S  H  V  Q  O  R
I  O  I  B  B  U  R  P  E  R  F  U  R  A  R
V  D  H  R  I  M  T  O  H  E  P  T  R  T  L
U  U  N  Y  R  P  K  U  D  M  S  R  D  B  S
Q  C  Q  N  Z  A  W  O  O  U  U  A  D  B  I
W  E  A  X  G  J  D  Z  R  P  Z  D  N  O  P
U  A  V  A  B  H  J  I  M  Q  G  I  P  M  D
S  Q  E  J  C  X  L  E  A  R  A  A  R  B  R
G  J  K  N  F  S  O  C  A  R  T  T  O  E  I
X  S  U  P  M  K  X  X  K  X  G  E  V  A  P
L  P  U  N  C  T  U  R  E  D  X  O  I  R  X
C  U  U  G  S  P  U  N  I  R  H  P  D  G  X
S  L  S  S  W  Y  Z  Z  Y  C  P  R  E  X  Y
U  L  X  G  H  W  H  G  N  R  M  G  J  X  D
```

ENGLISH

PRODUCE
PROVIDE
PULL
PUMP
PUNCH
PUNCTURE
PUNISH
PUSH
RADIATE
RAIN

PORTUGUESE

PRODUZIR
PROVIDENCIAR
PUXAR
BOMBEAR
SOCAR
PERFURAR
PUNIR
EMPURRAR
IRRADIAR
CHOVER

PUZZLE # 72

```
T S U N A M I P T S U N A M I
X U S R T M S A T Y P H O O N
B A O R U L B V R D G Q V Z U
K V I E F G T A E E L U L N
D A F L Ã P O L M D Z I L D D
Q L U Â O L R A O Y F G C F A
V A R M X P N N R J L H Ã F Ç
V N A P G C A C D V K T O L Ã
J C C A P C D H E J N N W O O
K H Ã G L N O E T K T I Q O A
R E O O A R I D E Z F N J D M
H Q V S O W H D R O U G H T D
J F G F Q H U R R I C A N E H
O O B E T O R N A D O J T C N
G Q D S C E A R T H Q U A K E
```

ENGLISH

EARTHQUAKE
TSUNAMI
FLOOD
VOLCANO
TYPHOON
AVALANCHE
TORNADO
HURRICANE
DROUGHT
LIGHTNING

PORTUGUESE

TREMOR DE TERRA
TSUNAMI
INUNDAÇÃO
VULCÃO
TUFÃO
AVALANCHE
TORNADO
FURACÃO
ARIDEZ
RELÂMPAGO

PUZZLE # 73

```
Y P I M A M G N L I T T G H W
O A M Z K C G P E U N S X I N
H R E A L I Z E V R E J E C T
M E W A E V I C A E E B Q F D
Q C D R R G Z N J P F B R V
I U A R C E I W T O S R U D G
V S L E E L C X A I Q E H S R
Z A E P A C K E R C W C L D E
M R G E F R O T B E L O R Y C
L E R N G E E G R E I N A R E
G J A D W D V G N V R H I E I
K A R E D U Z I R I T E S W V
W O G R R C O J Q E S C E Z E
L L T Q V E G F A T T E M V Q
T K E V R E J E I T A R P J G
```

PUZZLE # 74

```
U  S  T  C  R  E  S  S  O  N  A  N  T  E  J
Y  N  R  R  R  R  E  A  L  F  T  W  E  R  L
J  W  P  O  E  E  E  F  D  P  W  T  P  E  Z
N  G  K  B  S  S  V  G  A  J  U  R  L  D  L
G  J  R  U  O  O  P  C  U  L  T  B  A  U  R
E  R  E  S  N  L  N  O  O  L  I  H  J  N  O
B  E  G  T  A  U  F  S  N  S  A  Y  G  D  D
P  D  U  R  N  I  E  K  N  S  D  R  A  A  K
J  U  L  J  T  R  X  O  K  E  Á  I  U  N  R
I  N  A  R  G  M  P  I  V  G  V  V  J  T  O
O  D  R  O  A  S  T  E  D  I  V  F  E  D  B
Z  A  J  U  E  S  I  J  L  F  R  E  A  L  U
K  N  S  R  V  L  G  A  V  J  A  S  H  C  S
U  T  E  R  E  B  E  L  P  Z  S  H  B  I  T
Y  E  H  R  E  B  E  L  D  A  R  K  I  L  O
```

ENGLISH

REAL
REBEL
REDUNDANT
REGULAR
RELIEVED
RESOLUTE
RESONANT
RESPONSIBLE
ROASTED
ROBUST

PORTUGUESE

REAL
REBELDAR
REDUNDANTE
REGULAR
ALIVIADO
RESOLUIR
RESSONANTE
RESPONSÁVEL
ASSADO
ROBUSTO

PUZZLE # 75

```
C F P E R M A N E C E R H I H
P O L E M B R A R X I X K H K
X K N K H J W E L T N I Q G N
M S Q F R F V R E P A I R I F
Y U J T I O X P R R R A A S S
P B G E M A E A E E Z M F J F
Z S T E N R R I C Z E Z M D R
T T R Y R E E A T R E M I N D
R I Q E B S L L B E E J Z O Q
K T T I M P F J E P S P O T Q
H U L J E O R E L A X I E K X
G I R R Y N V S X R S Y J A G
T R Z E X D C E A A Y E Y P T
R E P L Y E C U A R R S U F N
E Q K Y F R E L A X A R W V I
```

ENGLISH
RELAX
RELEASE
RELY
REMAIN
REMIND
REMOVE
REPAIR
REPEAT
REPLACE
REPLY

PORTUGUESE
RELAXAR
LIBERAR
CONFIAR
PERMANECER
LEMBRAR
REMOVER
REPARAR
REPETIR
SUBSTITUIR
RESPONDER

```
P  X  U  X  F  F  E  T  J  E  S  L  K  Q  S
A  C  C  O  R  D  I  O  N  F  D  B  Q  S  P
Q  J  M  M  I  C  R  O  P  H  O  N  E  W  I
N  X  C  G  S  T  F  L  A  U  T  A  P  E  A
O  P  I  A  N  O  Q  L  X  V  I  O  L  I  N
O  G  R  S  R  Z  G  G  U  I  T  A  R  Z  O
W  P  V  C  N  N  B  Q  M  T  U  B  A  Ã  O
C  K  I  S  W  T  R  O  M  P  E  T  E  Z  X
C  M  O  B  G  R  U  Z  T  D  D  D  Z  L  A
T  O  L  X  T  U  S  B  H  A  R  P  D  Y  L
J  R  I  M  Q  M  M  X  A  O  M  U  I  Z  W
M  U  N  E  R  P  E  M  C  R  Q  B  M  A  L
F  K  O  S  W  E  H  A  R  P  A  G  O  O  W
V  Z  G  U  I  T  A  R  R  A  Q  H  X  R  I
Q  Q  B  B  J  I  K  F  T  H  C  Q  F  H  J
```

ENGLISH

FLUTE
TRUMPET
GUITAR
PIANO
VIOLIN
DRUM
MICROPHONE
HARP
ACCORDION
TUBA

PORTUGUESE

FLAUTA
TROMPETE
GUITARRA
PIANO
VIOLINO
TAMBOR
MICROFONE
HARPA
ACORDEÃO
TUBA

PUZZLE # 77

```
H  I  C  U  A  K  S  X  C  C  I  Q  E  S  F
Q  D  O  A  S  A  R  R  I  S  C  A  R  T  T
S  M  F  I  W  A  P  O  D  R  E  C  E  R  V
U  X  R  E  S  G  A  T  A  R  E  E  O  E  F
X  O  E  E  N  S  C  T  L  Y  T  P  F  P  P
L  S  S  S  P  V  R  I  N  S  E  R  N  R  B
V  M  C  N  F  R  O  O  V  R  Y  E  F  O  N
L  T  U  C  A  R  O  C  L  M  H  P  R  D  Z
D  N  E  B  T  W  E  D  F  A  U  O  H  U  D
M  P  U  E  N  X  A  G  U  A  R  R  Y  C  L
E  O  E  U  U  E  H  U  A  Z  J  T  M  E  J
R  I  M  A  R  A  H  J  Q  R  I  A  E  I  H
R  O  B  B  Y  A  Q  Z  R  U  C  R  U  B  B
S  V  L  Q  T  R  A  X  C  Q  T  L  S  H  M
H  T  C  L  G  R  T  X  K  P  N  S  B  N  P
```

ENGLISH

REPORT
REPRODUCE
RESCUE
RHYME
RINSE
RISK
ROB
ROLL
ROT
RUB

PORTUGUESE

REPORTAR
REPRODUZIR
RESGATAR
RIMAR
ENXAGUAR
ARRISCAR
ROUBAR
ROLAR
APODRECER
ESFREGAR

PUZZLE # 78

```
J X T N W O L S U C I K B Q M
S U C O V A A E A H U S X V D
Q U I D M U T L R O F I M A M
K Y X C G I O E C C F O K F
G D J Á E H L E R O F S A A K
O K T L N P C K O L H C A B X
U B I I G Y S H Y A M O D O G
H Q V M P C H Á L T T M L Y K
B C H O C O L A T E C R E U L
T W I N E F C G X I J V M O B
S O D A E F R P D Y W K O L É
X U E D O E W W H D C C N F Z
Q T U A P E B R V R L K A N M
W L K Q C I M C P Á A C D L M
W R E F R I G E R A N T E B M
```

ENGLISH

WATER
TEA
JUICE
MILK
WINE
SODA
COFFEE
ALCOHOL
CHOCOLATE
LEMONADE

PORTUGUESE

ÁGUA
CHÁ
SUCO
LEITE
VINHO
REFRIGERANTE
CAFÉ
ÁLCOOL
CHOCOLATE
LIMONADA

PUZZLE # 79

```
O  D  L  V  G  V  J  G  L  G  O  T  H  Q  O
T  M  T  P  G  M  A  X  N  O  X  W  I  N  U
D  V  D  I  A  A  R  O  U  N  D  P  X  Q  D
Y  U  U  E  R  S  M  B  O  K  Y  G  J  A  S
H  D  R  L  P  A  S  T  Y  B  E  L  O  W  V
A  B  A  I  X  O  E  A  A  B  A  I  X  O  J
E  E  N  Z  N  C  I  P  D  M  P  S  D  L  L
Z  N  T  F  X  G  O  S  I  O  N  T  A  O  X
W  E  E  E  R  C  E  C  D  S  X  S  B  M  X
M  A  H  P  X  L  A  F  T  E  R  L  Y  M  E
Q  T  W  T  A  C  F  N  V  R  R  N  R  V  W
T  H  Q  Z  E  K  E  O  O  H  U  V  Q  R  G
G  N  D  U  Q  D  B  P  O  R  A  Í  V  O  U
P  A  O  K  S  A  E  N  T  R  E  E  W  L  P
M  E  F  W  F  S  H  M  C  F  D  Q  C  V  N
```

ENGLISH

BELOW
ABOVE
BENEATH
AFTER
PAST
EXCEPT
DURING
AMONG
AROUND
BY

PORTUGUESE

ABAIXO
ACIMA
ABAIXO
DEPOIS DE
PASSADO
EXCETO
DURANTE
ENTRE
POR AÍ
POR

PUZZLE # 80

```
Q  R  Q  H  F  P  S  D  X  A  M  F  B  M  M
P  G  E  R  M  A  N  Y  R  E  G  I  T  O  Y
Y  C  H  I  N  A  B  R  Z  S  T  N  J  C  A
Q  U  Y  N  L  K  E  E  W  P  I  A  N  Q  G
V  W  N  G  S  T  J  B  R  A  Z  I  L  B  S
K  Q  N  I  A  B  G  A  P  N  H  G  Q  X  N
J  E  I  L  T  D  R  S  P  H  X  X  Y  C  O
C  Z  G  J  Q  E  A  A  R  A  U  U  K  V  W
Y  N  E  S  T  A  D  O  S  U  N  I  D  O  S
I  O  R  U  R  P  C  S  N  I  G  É  R  I  A
C  H  I  N  A  I  X  J  T  W  L  F  Q  I  N
B  W  A  J  X  T  L  D  A  A  H  H  Z  B  L
C  D  W  E  N  C  E  G  Y  P  T  A  A  Q  W
V  M  M  É  X  I  C  O  J  S  Ã  E  I  S  S
N  Z  A  L  E  M  A  N  H  A  A  O  S  T  L
```

ENGLISH	PORTUGUESE
UNITED STATES	ESTADOS UNIDOS
BRAZIL	BRASIL
MEXICO	MÉXICO
SPAIN	ESPANHA
GERMANY	ALEMANHA
JAPAN	JAPÃO
CHINA	CHINA
EGYPT	EGITO
ENGLAND	INGLATERRA
NIGERIA	NIGÉRIA

PUZZLE # 81

```
G L Q R X Q W P S C R A T C H
V I A C W I L U C Z E Q X W W
S A S Z K I Y R R E P Z S L I
D O S N A D A K E R R Y C R H
J N U S I G K N A E E C A D S
A B S A E N R V M C E H T P A
S F T V D D L I M H N A T H A
S M A E Y A E O T A D M E L G
U N R Y S M D K R A E U R N P
D O M I C L O R U S R S S A W
W H K W O Q A W L W C C E I K
J K Z C R G O V E R N A R X R
A J S U C V L J P S L R R G D
B S C L H P Q Q V Y K A A E Q
W W C I D I S P E R S A R F A
```

ENGLISH

RULE
SAIL
SAVE
SAW
SCARE
SCATTER
SCOLD
SCORCH
SCRATCH
SCREAM

PORTUGUESE

GOVERNAR
NAVEGAR
SALVAR
SERRAR
ASSUSTAR
DISPERSAR
REPREENDER
CHAMUSCAR
ARRANHAR
GRITAR

PUZZLE # 82

```
I  N  X  N  B  C  R  D  V  I  E  W  N  G  Y
L  S  W  N  V  T  G  R  S  T  M  O  B  I  M
A  O  N  H  B  E  Q  E  C  P  I  R  U  C  N
O  N  G  P  E  E  A  S  K  P  I  M  T  L  A
B  P  R  H  E  S  S  C  R  F  X  D  T  T  R
L  G  A  F  A  N  H  O  T  O  L  F  E  T  A
C  D  S  C  U  U  C  R  U  G  B  L  R  R  N
O  B  S  F  O  S  H  P  A  R  O  Y  F  A  H
A  N  H  O  E  T  W  I  R  B  O  R  L  Ç  A
B  D  O  R  O  A  L  Ã  R  W  F  A  Y  A  G
N  K  P  M  I  N  H  O  C  A  I  B  E  B  M
T  D  P  I  O  T  B  E  E  T  L  E  P  O  D
L  D  E  G  B  S  W  I  W  L  Z  L  L  B  Z
J  Y  R  A  X  S  C  P  B  D  T  H  A  O  W
W  P  K  L  B  Z  C  A  I  K  L  A  M  J  S
```

ENGLISH	PORTUGUESE
BEETLE	BESOURO
ANT	FORMIGA
WORM	MINHOCA
SPIDER	ARANHA
BUTTERFLY	BORBOLETA
MOTH	TRAÇA
GRASSHOPPER	GAFANHOTO
BEE	ABELHA
FLY	MOSCA
SCORPION	ESCORPIÃO

```
X U C U G C T C O K E B R F F
X H I U L W T U Y D Q Y A H P
N Y S O M B R E A R C I B C R
Y P S E A R C H R X W E I A S
F K R W L K S E T T L E S S E
R E S O L V E R F B I U C H R
L W L S C H F M B P F C A E V
K B K H D U P I Z A E D R L E
A B R I G A R N R S R R O T V
Z G H V D C O A T I C B A E B
C Y X E S E P A R A R R E R A
M O L R H M T N E Z A J E A A
I A X B A O N H M P W B H W R
J T V K V J F S E R V I R P I
T X L N E E M S R B Y P D M K
```

ENGLISH

SCREW
SCRIBBLE
SEARCH
SEPARATE
SERVE
SETTLE
SHADE
SHAVE
SHELTER
SHIVER

PORTUGUESE

PARAFUSAR
RABISCAR
PROCURAR
SEPARAR
SERVIR
RESOLVER
SOMBREAR
BARBEAR
ABRIGAR
TREMER

PUZZLE # 84

```
Z  C  B  C  D  T  S  S  N  G  Y  D  I  L  E
B  F  O  A  S  Y  U  E  B  U  N  D  S  L  U
U  M  B  R  E  L  L  A  I  A  B  B  L  L  T
Y  V  B  A  A  E  H  S  S  R  D  A  A  K  P
I  F  V  N  D  L  V  H  M  D  M  R  N  C  J
J  D  Q  G  W  G  I  E  V  A  O  C  D  O  X
E  V  L  U  C  V  L  L  H  C  L  O  K  N  S
B  J  F  E  C  R  H  L  A  H  A  B  F  C  C
P  K  J  J  O  N  A  C  V  U  W  V  O  H  K
P  D  O  O  S  O  H  B  O  V  P  U  B  A  Q
R  F  C  N  T  O  W  E  L  A  C  Y  W  D  T
I  W  E  H  A  Y  F  P  I  E  S  L  Y  O  U
M  G  A  G  U  T  G  E  I  L  Y  T  C  M  U
G  H  N  O  W  P  R  Q  L  S  Z  N  X  A  H
G  G  O  C  E  A  N  O  C  O  P  H  R  R  Y
```

ENGLISH

SAND
OCEAN
COAST
TOWEL
SEASHELL
CRAB
UMBRELLA
CORAL
BOAT
ISLAND

PORTUGUESE

AREIA
OCEANO
COSTA
TOALHA
CONCHA DO MAR
CARANGUEJO
GUARDA-CHUVA
CORAL
BARCO
ILHA

```
M  S  I  J  J  M  R  G  P  K  Z  P  F  V  J
A  Q  U  J  Z  P  D  A  Q  J  A  X  A  O  F
H  E  O  M  O  A  L  G  Z  J  E  I  Z  T  C
X  R  C  H  D  S  S  K  A  E  K  R  E  V  X
A  R  S  M  A  S  H  T  E  S  A  U  R  N  Z
K  I  L  I  V  I  O  Y  Z  C  Q  Y  C  M  U
T  D  I  C  N  N  C  I  E  O  C  T  O  D  A
F  E  P  I  Q  A  K  P  H  R  S  P  M  X  T
C  S  S  G  S  R  L  C  V  R  U  T  P  P  O
B  M  D  X  I  I  X  I  M  E  S  D  R  Q  P
C  A  X  D  G  L  G  F  Z  G  P  V  A  Q  C
Y  G  T  Z  H  B  S  N  C  A  I  Y  S  B  T
A  A  L  E  S  Q  U  I  A  R  R  C  O  P  G
I  R  C  A  R  F  J  K  G  L  A  I  X  W  R
Y  R  N  R  G  X  U  L  U  N  R  G  Q  E  H
```

ENGLISH

SHOCK
SHOP
SIGH
SIGN
SIGNAL
SIN
SKI
SLAP
SLIP
SMASH

PORTUGUESE

CHOQUE
FAZER COMPRAS
SUSPIRAR
ASSINAR
SINALIZAR
PECAR
ESQUIAR
BATER
ESCORREGAR
ESMAGAR

PUZZLE # 86

```
W  H  U  L  O  H  C  O  L  H  E  I  T  A  W
F  Q  A  Z  R  K  S  J  W  C  D  N  Z  R  L
A  E  W  R  J  E  D  T  M  A  Z  V  A  M  P
X  T  Q  D  V  E  R  Ã  O  A  S  E  S  S  D
K  Y  Y  A  D  E  Y  D  B  U  Y  R  P  T  L
I  X  E  P  S  F  S  G  M  T  T  N  R  E  G
M  L  S  R  E  U  O  T  R  U  C  O  I  M  J
P  X  U  I  C  K  M  L  C  M  H  K  N  P  P
V  H  H  M  O  X  I  M  H  N  O  S  G  O  R
S  S  E  A  B  H  W  S  E  A  S  O  N  R  D
L  B  W  V  W  I  N  T  E  R  S  A  E  A  G
O  S  A  E  W  G  Q  H  N  V  N  X  V  D  T
H  R  N  R  O  I  T  D  K  O  O  S  E  A  U
P  T  A  A  M  B  C  S  T  J  W  J  F  B  W
W  U  K  B  H  B  A  W  T  Y  K  N  N  S  O
```

ENGLISH

SUMMER
WINTER
SPRING
AUTUMN
YEAR
SEASON
LEAVES
SNOW
HARVEST
DRY

PORTUGUESE

VERÃO
INVERNO
PRIMAVERA
OUTONO
ANO
TEMPORADA
FOLHAS
NEVE
COLHEITA
SECO

```
E  N  Q  P  K  V  I  R  J  O  I  X  D  L  W
W  O  I  A  E  T  U  P  G  R  N  B  L  X  T
B  N  K  D  D  H  P  O  F  A  R  E  J  A  R
R  B  O  T  L  F  X  U  U  J  M  G  V  K  W
U  P  I  V  D  O  K  P  M  S  O  A  K  A  D
M  S  C  X  W  O  S  A  A  E  Q  T  V  R  R
H  G  K  B  S  S  O  R  R  I  R  H  M  R  V
H  U  W  E  N  C  H  A  R  C  A  R  V  E  H
K  N  W  S  E  V  P  H  I  H  L  O  G  B  K
V  S  A  P  E  S  M  I  L  E  U  N  X  A  O
D  S  F  I  Z  N  S  S  I  T  C  O  T  D
N  Z  D  R  E  O  L  N  M  R  T  A  H  A  V
Z  V  T  R  O  W  I  I  O  A  F  R  I  R  P
A  S  N  A  T  C  H  F  K  R  A  H  J  F  M
K  L  O  R  K  G  K  F  E  X  E  R  O  P  C
```

ENGLISH

SMELL
SMILE
SMOKE
SNATCH
SNEEZE
SNIFF
SNORE
SNOW
SOAK
SPARE

PORTUGUESE

CHEIRAR
SORRIR
FUMAR
ARREBATAR
ESPIRRAR
FAREJAR
RONCAR
NEVAR
ENCHARCAR
POUPAR

PUZZLE # 88

```
H  Q  O  B  E  S  I  T  Y  R  A  E  N  Y  L
I  N  S  U  R  A  N  C  E  C  H  X  D  W  S
P  R  Q  P  P  N  H  H  X  D  O  E  N  Ç  A
S  R  M  A  N  I  Y  N  X  C  P  R  W  H  Ú
Q  H  H  T  I  T  G  D  E  A  E  C  W  R  D
C  O  Q  I  Y  A  I  G  H  E  O  I  S  K  E
X  S  E  E  G  T  E  R  L  R  B  S  A  Q  M
O  P  X  N  F  I  N  Q  U  H  E  E  N  G  Y
D  I  E  T  A  O  E  G  A  E  S  W  E  U  U
T  T  R  O  L  N  E  N  Q  A  I  Q  A  U  U
E  A  C  Y  W  S  L  U  E  L  D  Y  M  M  R
Z  L  Í  L  K  H  D  S  Q  T  A  F  E  D  R
Y  K  C  T  L  R  I  W  G  H  D  Z  N  I  I
C  W  I  J  B  D  P  A  C  I  E  N  T  E  M
Q  H  O  S  P  I  T  A  L  Q  K  Q  O  T  S
```

ENGLISH

HEALTH
DISEASE
OBESITY
HYGIENE
HOSPITAL
INSURANCE
SANITATION
PATIENT
DIET
EXERCISE

PORTUGUESE

SAÚDE
DOENÇA
OBESIDADE
HIGIENE
HOSPITAL
SEGURO
SANEAMENTO
PACIENTE
DIETA
EXERCÍCIO

PUZZLE # 89

```
W  Z  B  O  R  R  I  F  A  R  H  O  E  K  Z
W  R  O  Z  A  N  K  N  O  F  B  O  H  E  H
B  R  O  T  A  R  Q  C  M  G  R  R  F  S  C
C  C  H  I  A  R  Y  L  I  V  I  H  V  M  V
N  L  M  P  D  Q  L  O  C  A  L  I  Z  A  R
L  J  S  Q  U  E  A  K  Z  R  H  O  V  G  D
S  W  H  P  P  C  R  A  A  J  A  Z  P  A  N
Q  Y  C  S  I  S  P  R  A  Y  R  J  T  R  P
I  C  H  P  B  L  T  N  A  V  H  S  E  F  A
C  C  F  O  O  E  L  D  X  M  H  P  C  G  J
N  V  A  T  L  Y  Z  C  O  J  A  A  F  T  E
X  L  Í  O  E  S  P  R  E  M  E  R  B  T  A
C  H  S  P  R  O  U  T  S  M  I  K  H  L  R
B  B  C  X  H  S  Q  U  A  S  H  L  K  M  P
J  V  A  V  A  F  U  S  Q  U  E  E  Z  E  K
```

ENGLISH

SPARK
SPARKLE
SPELL
SPILL
SPOT
SPRAY
SPROUT
SQUASH
SQUEAK
SQUEEZE

PORTUGUESE

FAÍSCA
BRILHAR
SOLETRAR
DERRAMAR
LOCALIZAR
BORRIFAR
BROTAR
ESMAGAR
CHIAR
ESPREMER

PUZZLE # 90

```
R  C  T  A  B  L  E  U  V  N  X  V  U  L  J
C  H  A  I  R  H  X  Z  P  K  V  E  Y  Q  B
M  D  L  D  A  S  O  F  Á  K  E  J  G  U  T
D  G  H  D  E  X  C  E  T  A  P  E  T  E  P
Y  A  E  Q  I  I  T  W  P  C  R  H  P  L  G
L  B  R  L  C  P  R  M  J  U  S  R  D  F  P
L  I  E  U  S  U  A  A  H  T  A  P  V  R  Q
K  N  S  M  R  L  S  I  A  C  O  U  C  H  D
R  E  B  I  R  I  H  R  N  U  E  S  Y  I  T
I  T  E  N  X  N  U  J  Q  T  K  U  G  R  B
E  E  Q  Á  I  T  K  I  X  L  I  W  J  V  F
L  C  G  R  N  Q  H  P  K  E  L  N  A  P  A
C  A  B  I  N  E  T  E  W  R  W  C  G  O  X
T  M  P  A  J  Z  K  W  K  Y  T  P  Z  A  S
T  A  B  E  L  A  G  A  H  V  P  N  O  X  X
```

ENGLISH

TABLE
CABINET
CHAIR
TRASH
COUCH
BED
PAINTING
LAMP
CARPET
CUTLERY

PORTUGUESE

TABELA
GABINETE
CADEIRA
LIXO
SOFÁ
CAMA
PINTURA
LUMINÁRIA
TAPETE
TALHERES

```
G  C  V  D  F  A  Q  L  R  Q  B  H  U  L  R
B  S  T  E  P  L  Q  W  J  L  N  S  X  E  D
Z  S  C  F  L  L  K  K  J  V  G  P  S  B  D
O  Y  O  O  Y  H  F  Z  S  H  O  O  N  H  M
M  S  O  M  M  W  O  Q  C  T  C  L  N  L  J
P  E  I  Y  D  E  N  U  S  T  A  R  T  F  A
G  S  X  H  F  A  Ç  T  T  T  R  I  H  N  N
S  T  E  E  R  C  X  A  I  E  I  S  N  E  L
F  A  D  I  R  I  G  I  R  E  M  T  Q  R  H
D  M  T  O  T  H  X  O  I  V  B  A  C  S  O
G  P  A  K  L  L  T  U  G  P  A  L  G  H  Z
H  R  V  F  J  S  P  I  S  A  R  E  D  A  N
I  Z  D  K  S  G  W  J  B  R  Q  H  Z  J  W
F  B  S  H  M  R  A  R  M  A  Z  E  N  A  R
L  T  Q  M  A  N  C  H  A  R  Z  Y  Q  K  P
```

ENGLISH

STAIN
STAMP
STALE
START
STEER
STEP
STIR
STITCH
STOP
STORE

PORTUGUESE

MANCHAR
CARIMBAR
VELHO
COMEÇAR
DIRIGIR
PISAR
MEXER
COSER
PARAR
ARMAZENAR

PUZZLE # 92

```
B B P S L K A G R A F A D O R
M V D H Á L E N V G C X D E M
Z A A R P E N C I L C T M G O
R M D M I K I W O D M R B Y
T É L E S L E K Y T A H R R X
C O G D I J L U N H A X K O D
G L L U M R P N H I J W S C E
K F L Y A A A X E N F A C A O
D H B D C J R R T J W E R R M
V F F J H K A T W R U L E R T
V W L G A A F Y E U K L W O W
H U T H D I U E J L P Z G B F
O T K X O O S Z I A O S C E M
T N M P C C O A T I C I H T U
U M P D F M N S A W K E V N G
```

ENGLISH	PORTUGUESE
HAMMER	MARTELO
AXE	MACHADO
DRILL	BROCA
KNIFE	FACA
RULER	RÉGUA
STAPLER	AGRAFADOR
NAIL	UNHA
SCREW	PARAFUSO
WOOD	MADEIRA
PENCIL	LÁPIS

PUZZLE # 93

```
Q  S  B  L  H  G  H  F  J  C  T  V  S  Q  Q
J  S  O  F  O  R  T  A  L  E  C  E  R  F  J
N  O  T  F  X  G  S  T  G  K  A  E  H  S  D
Q  V  N  R  L  L  W  W  R  Y  D  D  E  U  F
L  F  C  I  E  N  L  T  C  E  E  R  S  B  Y
T  A  L  I  K  N  S  I  C  H  Q  O  T  T  T
X  K  F  V  U  E  G  U  S  T  U  O  I  R  A
X  Y  F  A  G  L  S  T  C  T  A  P  C  A  Y
H  G  F  G  G  T  C  F  H  C  R  M  A  I  W
H  G  U  H  D  A  F  Z  E  E  E  A  R  R  S
U  S  Y  E  R  U  R  P  B  N  N  E  H  Q  T
V  V  F  T  T  G  I  U  O  C  A  B  D  I  R
B  Y  B  S  T  R  E  T  C  H  J  C  U  I  O
M  U  A  Q  T  K  G  K  T  E  Z  S  U  C  K
S  Z  L  S  D  S  U  G  E  R  I  R  H  L  E
```

ENGLISH

STRENGTHEN
STRETCH
STRIPE
STROKE
STUFF
SUBTRACT
SUCCEED
SUCK
SUGGEST
SUIT

PORTUGUESE

FORTALECER
ESTICAR
LISTRA
AFAGAR
ENCHER
SUBTRAIR
SUCEDER
CHUPAR
SUGERIR
ADEQUAR

PUZZLE # 94

```
O G H B T G K Y V G S I S W C
Y A T G K E Ó C U L O S H D Z
O C A L Ç A K Q G B E J I X Y
B X E R V R N C X S E C R N Y
G U D P S R N E S A P A T O S
I D H K A I I A C S C M B I Z
G V K B L N L N A K O I R W R
U R X N A G T T G I L S I C V
J N R B Z A V S G R A A N O E
I E I W V W H A C T R T C L S
Y P Y V B T P I K C B M O E T
S H I H C Y E A V A V M O T I
G K H E A N G S P N E H E E R
Z K R X Y Y C D R E S S Y I T
B Q W Y I N B V B L T T W S L
```

ENGLISH
- DRESS
- PANTS
- SHOES
- SHIRT
- VEST
- SKIRT
- EARRING
- NECKLACE
- GLASSES
- RING

PORTUGUESE
- VESTIR
- CALÇA
- SAPATOS
- CAMISA
- COLETE
- SAIA
- BRINCO
- COLAR
- ÓCULOS
- ANEL

94

PUZZLE # 95

```
T  E  L  E  F  O  N  A  R  L  R  O  Q  T  J
N  S  U  R  P  R  E  E  N  D  E  R  Q  O  B
O  N  X  E  W  N  D  D  C  Y  M  N  C  H  R
S  U  S  P  E  N  D  N  A  M  P  S  Q  U  S
K  T  E  L  E  P  H  O  N  E  K  T  W  X  S
O  H  S  P  A  G  R  A  D  E  C  E  R  K  U
C  A  S  U  S  P  E  I  T  A  R  S  H  S  R
U  U  U  Z  Y  S  U  S  P  E  C  T  Z  R  P
S  U  P  O  R  T  A  R  R  L  M  G  O  N  R
C  D  P  O  I  T  H  A  N  K  J  P  K  A  I
X  C  O  S  X  Y  V  X  Y  H  U  W  T  C  S
N  H  R  Z  Y  O  W  J  O  S  K  N  N  U  E
O  X  T  O  R  C  M  E  M  D  E  R  O  W  B
N  S  U  P  P  O  S  E  M  T  E  S  T  A  R
R  F  A  N  D  C  J  K  X  W  K  R  M  H  R
```

ENGLISH

SUPPORT
SUPPOSE
SURPRISE
SUSPECT
SUSPEND
TASTE
TELEPHONE
TEMPT
TEST
THANK

PORTUGUESE

SUPORTAR
SUPOR
SURPREENDER
SUSPEITAR
SUSPENDER
PROVAR
TELEFONAR
TENTAR
TESTAR
AGRADECER

95

PUZZLE # 96

```
L G D Z N R R A C A D E M I A
Q S Y O M J A G G P A F T A V
Z U B E N C H O U E B B M O G
O B A N C O Y F F X Y S P O T
S V E X E R C I S E Q A G N R
X E S Z D D M F P R U U R O A
U N P G N A H O R C C N D Y M
O T E J M M R J X Í L A F Y P
D I L K M D T J O C N U G M O
N L H Y T I T R A I N E R S L
V A O A R A R M E O A O Z K I
H D F B E N Z W R D G G K F A N
G O C U F G T J O B S W T I E
T R A M P O L I M R M K D A T
Z S I Y J C O R Z X K N E Z B
```

ENGLISH

- GYM
- YOGA
- EXERCISE
- ROPE
- FAN
- TRAINER
- SAUNA
- TRAMPOLINE
- BENCH
- MIRROR

PORTUGUESE

- ACADEMIA
- IOGA
- EXERCÍCIO
- CORDA
- VENTILADOR
- TREINADOR
- SAUNA
- TRAMPOLIM
- BANCO
- ESPELHO

PUZZLE # 97

```
L T F A K C T E H K J A G T A
U F O Y D R L Q Y L V S F I M
L A D U W K N S W H I S D I A
N Z W A C L K F T U S I A A R
K E F I C H L J R R I N R S R
C R T O W T A A A A T A G H A
W C I G Z C C C S A L O P R
Y Ó C R O N O M E T R A R H I
I C K M R B G M Y R W R J N G
D E R R E T E R U E H K E J
Q G F R S I T O M A Z S T I P
B A C N S P T I E R K B A O T
X S W M X M T H R X O W Z K V
O N S Q N T O C A R M P U J U
V Y P H F Y Z R B W W I T J L
```

ENGLISH

THAW
TICK
TICKLE
TIE
TIME
TIP
TOUCH
TOUR
TOW
TRACE

PORTUGUESE

DERRETER
ASSINALAR
FAZER CÓCEGAS
AMARRAR
CRONOMETRAR
DAR GORJETA
TOCAR
VISITAR
REBOCAR
RASTREAR

PUZZLE # 98

```
I  A  N  G  X  W  B  L  R  Y  L  M  T  C  Q
J  B  T  X  F  A  I  T  H  F  U  L  S  M  F
L  V  H  R  E  X  P  E  N  S  I  V  E  Z  A
B  A  H  Z  X  U  L  X  T  U  V  M  N  B  N
K  N  F  T  O  I  E  U  E  L  O  N  G  E  Á
Y  K  N  K  T  S  A  B  L  C  A  R  O  K  T
P  T  Q  R  X  F  G  E  A  P  Y  V  F  F  I
B  E  E  S  A  R  I  R  S  Y  H  D  I  A  C
W  F  Z  J  K  F  F  A  D  E  D  N  L  N  O
E  X  U  B  E  R  A  N  T  S  W  A  T  A  R
D  T  P  N  F  E  R  T  I  L  N  Q  H  T  O
Z  D  E  S  V  A  N  E  C  I  D  A  Y  I  N
E  S  U  J  O  A  D  X  F  A  I  N  T  C  H
G  M  M  S  D  P  W  E  N  F  F  I  N  A  L
L  G  G  V  A  A  F  F  X  B  O  C  W  L  I
```

ENGLISH

EXPENSIVE
EXUBERANT
FADED
FAINT
FAITHFUL
FANATICAL
FAR
FILTHY
FINAL
FERTILE

PORTUGUESE

CARO
EXUBERANTE
DESVANECIDA
FRACO
FIEL
FANÁTICO
LONGE
SUJO
FINAL
FERTIL

PUZZLE # 99

```
Q K M B V Z E Q F Y E F T U G
E P N B D K I H U T C T R O T
Z P N T Y K X T T R O T A R G
P U X A R X N I R A M R N T T
P S Z U U E V V A N É A S L R
V U W W O B I W I S R V P F O
J Y E L Z B A N N P C E O I P
R V Z D L C J K A O I L R J E
H L T E N T A R W R O E T D Ç
M O W N G J R O W T M L A A A
C T Z T R E M B L E R R R X R
N R C O N F I A R K T U I T B
J R G A E V Q T R Y R K S J L
K P L S O H I W R U I W C T P
I P C Z F X L A B N P J M V I
```

ENGLISH

TRADE
TRAIN
TRANSPORT
TRAVEL
TREMBLE
TRIP
TROT
TRUST
TRY
TUG

PORTUGUESE

COMÉRCIO
TREINAR
TRANSPORTAR
VIAJAR
TREMER
TROPEÇAR
TROTAR
CONFIAR
TENTAR
PUXAR

PUZZLE # 100

```
A D J O I N I N G F B X L A K
H A C C E P T A B L E D I C I
G B L A B S T R A C T E D T K
Z U F I Q A D E S I V O N U M
R N A B S T R A Í D O A A A A
Q D G B D A A L A I M B B L A
T A R M S B G I A A A S S L B
O N E W J U G D D M D O O Y S
Q T S J Z N R A N A J R R U U
X E S J G D E D E N A V B V R
B J I O H A S E O T C I E J D
N H V B L N S A B E E D D O L
B N O U D T I F H L N O L V K
A C E I T Á V E L U T S Y H X
P B V A D H E S I V E C M R P
```

ENGLISH

ABSORBED
ABSTRACTED
ABSURD
ABUNDANT
ACCEPTABLE
ACTUALLY
ADAMANT
ADHESIVE
ADJOINING
AGGRESSIVE

PORTUGUESE

ABSORVIDO
ABSTRAÍDO
ABSURDO
ABUNDANTE
ACEITÁVEL
NA REALIDADE
DIAMANTE
ADESIVO
ADJACENTE
AGRESSIVO

SOLUTION FOR PUZZLE # 1

```
K W P L E A S U R E J E M S S
C X F R O V X T M P W W L X L
L P J W W G M A N H A O W R C
M I Z E C O N H E C E R X X U
L G B L T O L I R C F Q W A T
Y J E C H D I A G V K G H F W
M V M O D B O L Y H N C R T H
A H V M M Y X N O I T E W E B
A L I E V E N I N G W R R Q
Y M N M D W E R F A U F H N O
S Q D R A H O T R P F A H O F
A N A N O M E P W I L M Z O T
J T A R D E F L J P W I C N R
Q K J X Z G B X L G W F Q Z S
R V T U K J V H M O A N C W O
```

SOLUTION FOR PUZZLE # 2

```
E H O M P V K D M J K U A E L
E A D V I S E S W A N T C S K
P D I A N U N C I A R B O C V
T P V L C K R E A Y N A N M R
A E E E Q C S H D M D D S Z G
J R R R E U E Z M V R I E B R
B A T T M J B P I A W C L R B
U M I A A I P U T D H I H R C
V B R R N L T I L M C O A L U
A U B X X N E I Y I L N R L T
C L H B L C O R R T X A I N K
U A L B A D D U T E K R A L S
N R P O D X X S N M Y F R R X
V P D C W X D F P C P Y P A J
R L U G H T B C Q U E R Z B N
```

SOLUTION FOR PUZZLE # 3

```
T K Q W Y G D O M I N G O T Y
E C E T X A M A N H A O Y O W
B Y T W X K T Z S T U Q O D T
V E H R T E R C A F E I R A U
H S U I T Q J D K Y S M R Y A
X T R Q U A R T A F E I R A A
Q E S A T U R D A Y E N I T X
G R D M Z L S M A F W U G O F
Q D A O F E Y A A S Q H Z M R
H A Y N N E K D H A J O U O I
V Y Z D G F N U L B I J V R D
Z M E A Q U I N T A F E I R A
C W M Y G K S U N D A Y W O Y
J T U E S D A Y P O I J Q W Y
N C S E X T A F E I R A D K K
```

SOLUTION FOR PUZZLE # 4

```
Z C E A N S W E R B Q J K F M
D X Z P R E N D E R A N N O Y
A C J L R R K I H A R R I V E
A V X A X E A M Q R R F N M C
B X A U P M S N D G E K C M B
R W K D N P O P G U S G O T J
O K A I V D R R O E T D M V W
T A H R E E I E G N U V O K Z
N P C A N T R M C A D B D C Q
O R W E U G I T L I N E A H I
A E A C M M Z P I L A I R E Z
W C S C N R P G M R T T Z G Q
U I M E X A G N M A P P E A R
D A P H L P A P A R E C E R R
P R U Z K P C G C D V J G I T
```

SOLUTION FOR PUZZLE # 5

```
R Q M U H H T V Y Z F I L U T
U R I R Z J V L Z J Y Z B G X
V G V F O F R T Y J J E X U Z
H B V U T A R D E M Q C I X R
P H H T E D N M M M V Q R G N
V P O U G O A I I V P A S K O
T A P R C S G N V N O K R M
K S A E A E X U Z C U T U D W
I S S X T G D T S J F T R F Z
R A T A I U I O C J U I E R C
Q D L C M N A N Y F M A L C B
X O W M E D A Y M G C W O G M
S W O J H O U R F X O R G P V
S S Q W N T I V I J A Q I S A
U L B F W Y C D L Q C L O C K
```

SOLUTION FOR PUZZLE # 6

```
T I A S E B B R Y R G E B Z A
W E W B C V A B A T E R P I H
J I Q Q L S N K A A V O I D Z
G I F U S M G T E N T A R F T
P P K A I G V X V W R T S R V
L R E O A L I O I F U T A K Q
E O Q R R N I Z T M S E K C R
O I T Y G Q L B A A U M Y I K
K B Q P B U E G R T R P B D Y
N I W V I H N W T A T T A L S
B R V O F P X T I C R R L B N
L F H Y T F Z O A A T C A A Z
D P F P Z K P O P R M Q N C X
C K S Z M A T R A I R X C K T
K Z K D V S B P Y Y E F E I W
```

SOLUTION FOR PUZZLE # 7

```
E F E Y X E O D Q A R Z L O T
H R K A W T W Q L A U Z E H E
X J Y N H T C S P M E V G L N
U S J X X W T T J D O I S Z B
H P K G S O U B X N E F Y I N
T D D Z V Q I P J I X Y J Z X
D N Y B C Y Z T C N H M Q F Z
M I Y R V M A V O E K N U O M
X A P G X C C C E Z B C A U Y
P H T U T Z N Y G W G H T R D
Q R X Y U I W W D Z M T R E S
F M J V C E W W Y H K H O S E
X O S Q Y B T B W E Q R I N V
R S L P G F E J F I V E D E E
Y Z D C G K Y U C J S E T E N
```

SOLUTION FOR PUZZLE # 8

```
E A B E N Ç O A R C G P L W C
K L B Q Y Q P B D E E O G L R
D V D O X U C N B S A F R N O
P E R T E N E C E R K Q M B O
B J S P L L X T L O U E J E B
U A O C B M R V O H G U R H A
V R T A O O D C N N B A B A T
B M I A P B V G G Q B L L V T
B C J M L T R I N A K E E E L
J A O E P H E I Z M G H A S E
I C A B L L A Y R U T L C W S
M K H A D L O R C T E H H N R
M I S T U R A R V Q L A M K D
W T R E W D B E A M Q G T D V
V R H R E M I T I R J Y W W D
```

SOLUTION FOR PUZZLE # 9

```
F T P R E C I P I T A Ç Ã O J
T Q Y W C M R S Z H A D R O Y
E S V O R U D Q C Q W P R B X
V U C L I M A T E O O R T N R
J I D X E I B N N E V E V X T
T M I R O D I S É C Z C C X L
Q B G H C A O I V E B I P V Y
K O N U R D M S O L W P H F U
H T E M P E S T A D E I N U S
U O K I X P H A N U W T N R R
H R W D C L I M A P D A G D P
O N Z I H Z S G B V I T Y V E
G A X T U E U V F K Q I X H W
E D Y Y V E N T O S T O R M B
T O R N A D O E G O U N Y G S
```

SOLUTION FOR PUZZLE # 10

```
Z K B L O T Q A M M V A Q F Y
H L I B J Z S B U I F G H D D
B O W W T R C C P F J E K E N
B O R R A R I U S N A N R S O
C B U T A S V E R E X D J P P
H L L N C J H X U V P A E E I
H A E N C A I X O T A R S R F
S V B Q N E K G C K R R F D C
X F U O K J U L A V A R E I X
R A Y E O A K T D V F E R Ç D
A M B R A K E S D K U F V A I
M S O O L N P O W A S T E R B
T U L M X K N F R E A R R A S
O A T D E J D R V C R N S F D
C Y K T V O C X C L D K K C H
```

SOLUTION FOR PUZZLE # 11

```
F D T P T E K B R U D Y S B B
E M G B L A C K F N F H I T R
M P Z O R A N G E W A M Z M O
E X M I P U R P L E H U X C S
T A B J I R V A C I N Z A A
B F H Y N L E Y N G G A T A R
P K Q Y K U R T R J R M A E D
D E K P S H D Y O B A A V N D
B G S H H S E F X L Y R E E D
D D Z H N F Q O A U C E R F Z
V P M W K Z X Q W E R L M X Y
M P T H F S S R Z G U O E H L
L G M Z N M Y N P Z I J L T M
I O K I H K C I A G F Q H J O
G Z Y W K G R J Y E L L O W E
```

SOLUTION FOR PUZZLE # 12

```
N Y D D C W O G V L R J G S F
A L D A F E I Ç Ã O G R J R O
E N E N M J G J U V F T S A T
F S S X P A W L Y E F E A R W
Q B G I D L R Z Y F R F D G K
G H O E E M W H Q R U E N V Z
Q L S T A D T M S U E U E E J
X T Y C A A N M S T Q S M Z
T R O K P N H D H T R D S P P
Q I Q M M G G F E R A I V A O
Z S E A L E G R I A Ç S A T W
C T M S X R D J P T Ã G J I S
Y E K K U E V O R I O U F A I
M Z S Q K M W E J O Y S P B N
F A F F E C T I O N T K X B
```

SOLUTION FOR PUZZLE # 13

```
G P P K B R U S H V P F K O H
F E R I R U A R L M D Y O J G
W P O S U U B Q U E I M A R B
R Y H O I A X B U R N X F N R
U E A Y S Y C O L I D I R X D
H U Y V E R A B R E A T H E L
P B O R B U L H A R C R J S B
R S E K G U C M R O Y M N L Q
K R N K V E U A U J U N L I L
I Z T M G X L V P B V A P G F
B H E W G U A W A T C H M A D
K U R A C S T E S C O V A R M
Z L R L K R E S P I R A R N X
D O A Y P K I I P E P I T X A
W C R R Y W R X K C U D I B J
```

SOLUTION FOR PUZZLE # 14

```
Z R E J K M O J Q V F F D F Q
E P Y C R V S B M U V R B T Q
J B E A R V U G H Z I E K L T
V N S I V Z R J N J E B W T R
W O K T T W Q A W V A F O A A
N S O V O O P X G V B G R T B
W E N L G M N C M E B S E P S
P C A B E C A N H A R D L O H
Y H R V S G C N I A I H H O
O E I K T O U R H V Ç L A M U
D S Z O Ó Y E L X G O V N Y L
U T N Q M P E S C O Ç O D X Z
K R H E A D I Q L N F L W T E
M X M T G R I N C L A Z X F R
O M B R O G R J R U E E I U F
```

SOLUTION FOR PUZZLE # 15

```
U N J W Y Q L C A R R Y M C B
C Y G D O A M H A D C J C A Y
B O N A A D C A R R E G A R T
E M Y V S K C L W J E K U R N
U X O S G W H L B I E Q S E E
U A T V C H E E R A J Y A G S
C G G E A D A N E A J V R A C
U W C R M E T G A N I M A R U
H Z A I P S R E C G F V G L
E P R F Z A I F E V G A U R P
M R V I H F W S N Z E S N Y I
C H E C K I U M U C U I D A R
I Q D A K A C A M P A R E Y R
C R L R C R G T U C I J P K U
R D C V L O N S Z H W C H E U
```

SOLUTION FOR PUZZLE # 16

```
Z B W S S V K T Q U O X T Z I
A W M F G M M G Q P S Y Y M B
K I G I R R O G B F N M D H S
Z M D L A J A T V T I O F Q I
D S C H N P V N H W L S A K J
Y T G O D U Ó E D E G Z T K K
D O S N D S F T M P R F H T E
M A A D A H U A Y P A I E P K
W T U G U Q D S Q F N R R U V
B T J G G A Y I T R D M D M Y
B R O T H E R S L V S Ã Â Ê Â
V W L L T T V T Y Z Ô O Y E D
V I I L E Q E E K T N V I J K
B F T U R G Y R E H Y J Ô K L
J G S I G R A N D M A A J I U
```

SOLUTION FOR PUZZLE # 17

```
B F L D A C H M O D C L E A N
V R R T P L O S V F O H B G U
A P F H L Z E Z Q H L C E F C
K Z A O A U G G L R E W C W O
D G M O U G M M A S T I G A R
K D X C D W I D C R A H H A T
D L Z E I D N D R E R M P C A
Y L R Q R A F T L J J M E O R
Z C O N M B Y V C P I L V M S
F G W O H R T K I L L G I M R
H S C L I P Z L B O A A A A P
V U H L T Y E Y C M L R C N Z
D E O T E P K B J C N I E D H
Z Z K G C A D C H O P C L A P
A X E U K F R C S U F O C A R
```

SOLUTION FOR PUZZLE # 18

```
M N W W G E R T D R G O C L B
Y P C W S F C A M P T G R Y J
U K R I Y A O Y Q N S F U L X
G Y U Z D D T G E Z S X I M T
U R Z M Z X T M T U R I S M O
C F E Z Q V A Z Z C B I E C W
F P I N I P G I V L R O N R E
X H R G M O E M I U G L H U L
H T O A M Y F E O A V C J Z X
M O C T I J L T E D A W U E N
S A A I E A I U S E G V J I V
A L L O L H L G U B M H S Ô R
U H Q C F A H O N E Y M O O N
R A R U H O T E L L R D X E Q
E P W I L O I V M P L W G Z K
```

SOLUTION FOR PUZZLE # 19

```
O C O M P L E T A R E F B C J
E O Q C C F C O A T R Y C O V
P N E I O O D U E A N C O N O
L S R D G M N L S V O N C Y
E I Z F G I P S I J H M C E C
J D G O T M E A I O N P E N N
P E K N O F L S R S I A N T U
H R O C N P N T C E T R T R C
U C E O M F H N F N A A R A O
Q O C O N S I D E R A R A T N
T M C F C O N S I S T I R E F
Z P T H W U J C O N T I N U E
Z E K C O M P E T I R V U L S
O T P R E C L A M A R B P V S
P E C C O N C E R N V D X V S
```

SOLUTION FOR PUZZLE # 20

```
D E N C A N A D O R M E H Z I
E L E T R I C I S T A R L A B
A E P M V H V A L Y K P W O N
H C I U V W W O K D V H U U P
U T T W P R O F E S S O R U L
J R F O T O G R A F O T V M U
F I F I R E M A N W B O D G M
G C O O K H G R I C O G E R B
G I O N F N O G P E M R N D E
V A M Z E C L U W Q B A T O R
Y N T S I N G E R R E P I C B
M Y G D E N T I S T I H S T B
C Y E R S H H A A O R E T O E
O M U X D P C A N T O R A R Q
H N T E A C H E R E R Y W R B
```

SOLUTION FOR PUZZLE # 21

```
Q S E V C O L I D I R A R F F
P C O P Y H T A N W X Z E N E
S U R U T N O Q W I D S T W M
K R M O U R G R L R A C H A R
V L P O S A T R A V E S S A R
W D C R U S H I G R L L L R N
Y I R R D T R P R Q A O Y S D
Z Y A K Y E W O T K R A D C D
F V C T I J C P S N G A W R V
G S K R H A D O E S M A G A R
C O N T A R F R P O E L C W F
L L T D L S W E A I K Y G L I
H M S F Z O H Z I Q A E C M K
S V F E C O R R I G I R E F P
A X U J Z F D V B A L X A K Z
```

SOLUTION FOR PUZZLE # 22

```
H G A R A G E A L G Q C L P Y
S T K Q R B I K I B M H B B W
L P C D M A L X V A C M E F M
V A A L A T N F I N O V D W S
O T O T R H B K N H B G R W F
X I B R I R X F G E E A O F M
Y O C D O O R W R I R R O G T
R Q T T D O J P O R T A M W C
L U C L E M F T O O U G P P D
L U O L R M R L M X R E N X U
V K Z W O A F I R O A M A F F
R Z I H U S K G Z E T O E D Y
F S N Q P Z E H Q L P I Y M S
H Z H A A K I T C H E N H A W
X S A L A D E E S T A R M Y E
```

SOLUTION FOR PUZZLE # 23

```
C T I Q X D W H I S T L E C V
C U O D K U S Y R D F D A D G
Y I R I T D A U M Q O E S E T
C D E V A L E R S U T C S L T
F E N H E U Z O N S K A O I D
D C G D A M A G E A U I B V E
G A A E E R T C R T D R I E C
R Y N L L C E N T R E G A R E
H U A I G W I Z U A C A R R I
F G R G F M H D G S I S C E V
A C Q H L I U I I A D J Q P E
J J G T S L C Y S R E C C K K
Y W H V G Y R A Z P T N Z V N
G L D E L I C E R J E J D A H
H I A V X K A H D O B R A R J
```

SOLUTION FOR PUZZLE # 24

```
U V O I Q W V R S Z N W F R O
E G F L C K A R B U S T O Q Z
F N I G E B O K E U U H L M S
L W K R I W U Q T A S V H I Q
S T F D A U E C M U R Y A V S
O S M P I S A I B E L V O I L
N X M U K C S R U E W I O I R
M E S P I N H O O O H J P R M
T B A H K X F S L O Z U A A E
E S K U Z O P E B N T U L I P
X C P A L M E I R A H V M Z G
K S Z Z Q R C A C T O Q T E F
A K D D T O S H E G R X R O H
Y S Q S K O J W U C N L E A F
L B K H R S U N F L O W E R R
```

SOLUTION FOR PUZZLE # 25

```
B M P D E S T R O Y B A D F A
D E T E C T D D E S C R I B E
B D E S A P R O V A R E S B N
D I S C O V E R I M I N C K B
S A S R U D I S A P P R O V E
A D D E S E N V O L V E R B G
B I R V J A P R T Q P A D C R
N S I E G O A R U X M K A I V
Y A R R L T E B Y R P W R N P
C G S E C S O G A H E B Z C H
L R V E E O V S Z O O Q C L O
Z E T D E P E N D C Z A F N Q
D E P E N D E R S Z F T I R V
D I S A R M D E S T R U I R L
F T L O R M D E S E R T A R J
```

SOLUTION FOR PUZZLE # 26

```
U M P C U U C I Q J F K U Z P
A M D E Y I J K L O J V C G Y
I Q J W A T E R M E L O N O C
P X K D B R U T O M U E G D S
A V O C A D O O D U A N M C P
E X I X C X A M O R A N G O I
V A E M A Y P A I M P Y G T N
Y S W E X K H T S A P V A A Z
I F B L I C M O N F L R X S A
O D F A S T R A W B E R R Y P
R H Q N N L N E Ç P Y T I B P
I V J C X A L I M A O R I B L
E A P I B C N H I T O M A T E
V B H A B A C A T E V S G S A
I G W Z H H R M O A Y O I Z X
```

SOLUTION FOR PUZZLE # 27

```
S X W S Z O L M Z V K T V O V
E F F Z E W L D G L Z I C D E
D N Q D R I P D R O P U P U S
K O H O A O X G R A T R H V T
L G U U N L A R F K A E G I I
H H A B S Z U C H P P M J D R
W J R L T D W D U P L I C A R
B D R E N A R C V S J M H R R
K D A S G R O E Y N A N I F S
S Q S Y R E L H S E O D C R H
I M T X R K M X R S I N H I U
V Q A P K K K D I V I D E U B
W O R R Y P O M I A E P J U M
H C L J X B O D R A G H E T N
F M A R V Z I D E R R U B A R
```

SOLUTION FOR PUZZLE # 28

```
C A U L I F L O W E R D S Y G
D O X A W C E N O U R A P O R
W W R K V O U J Q Y M G Q Z K
S I W N A U H A O P G Z V W B
K A H V E V B R O C C O L I E
L B L C H E E S P A R G O S S
T E L S E F I E D R M R H Y I
S E T S A L H V T R H E M E N
S T N T O O E M X O H X C G I
T S W C U R A R I T Y A A G E
K X O B O C L N Y L F N B P L
L R R T V R E P O L H O B L A
X B E T E R R A B A S L O A A
X R O B P H H U N R Q J G N R
T Y X A S P A R A G U S E T K
```

SOLUTION FOR PUZZLE # 29

```
D E T A I L E D D E E P D D H
W H C D E P E N D E N T E N D
D E P R E S S I V O M T R O I
Y D I F E R E N T E R E A N L
C Y D E L I C A T E K A N G I
Z D E L I C I O S O D B G T G
L I E V T N F E R O I A E P E
V F V P C H D A D D L N D R N
S F P E R N A Z B I D W O T
O E N P O E C D V G G O Z F E
Y R U S N I S E N N E N X U K
P E D X L Y M S F O N A H N Z
U N D E P E N D E N T D Y D T
A T D E T A L H A D O A P A Z
J K L X F D E L I G H T F U L
```

SOLUTION FOR PUZZLE # 30

```
Y J D B C W L A U W D K F P A
Z I U S M K Y N B J W G M I O
P N P C I M S Y P M F A C A
X R O P C O L H E R R W R I
M I R C R O W A V E I F E E I
U L B H O S W D A A G O E F S
B X Z Ã O H P O N G O Y K R S
K L G T N L C O P O R Q O I
K O A D D D O U L V Í B F G W
F R A B A P C A A N F I Q E M
P B L N S F O P T E I Q B R A
J Y Y L K N I F E F C Y J A Z
L S B S E X X J S T O V E T
V A Z V F O B X H F O R N O Y
Q Z O X F C Z R U S I N K R B
```

SOLUTION FOR PUZZLE # 31

```
V H A Y U L E S U L N M W C E
O J V D N N G B B U W L W Q M
W S O S P E N C O R A J A R P
T E R M I N A R K Z E I A O R
B I E D U C A T E N T I S Z E
H S T M D O Y K R P T O B V G
D E S F R U T A R A R E I I A
G C X Y Y R E M P T Y M F U R
F A F C A A J M S O N P V C W
V R G C W G E A P M C A K B U
V T U A E E S N Z L I T P W L
V D V V N E N J I U O H R E F
E Y C Y D H Z E N J O Y F M L
E S V A Z I A R Q P D N D Y L
H D I S A S T R O U S O K D K
```

SOLUTION FOR PUZZLE # 32

```
T J J U H N Q V T R P I E R Z
Y X M T O C A R R O U R Z G I
H Q P W L X O C H P O N T E M
Z J I X E P B S N L I C N C N
S V I U R S H C I A N E H X Q
D F U I Z B C H J D T K R Q Z
C U A N I J L O E V E I R Q B
V Z I P M H L O L K R W U C E
N M P A R K Z L W A S I A A P
S O B R I D G E C G E Y G L E
K T G Q M L N I I A Ç Y L Ç K
H Q R U N L Q F B R Ã V T A N
I N T E R S E C T I O N O D X
X D A A E R O P O R T O F A L
Y T C M Y T Q Y K O K L Z D G
```

SOLUTION FOR PUZZLE # 33

```
D E S C U L P A R M E D Q T T
W N X C B E X A M I N E J E W
T T J C L O N I K A T P J Q K
A R E B I I N T P G R C E P L
E A A Y M T U X E C E P O O C
M R M A J M S H G R T R M S F
B O X P R A D T H R E N Z E X
I E P L G S N T P R Y L N Y
A X X W V I O R S I Z T I T D
Z I C P X H A E X P L O D E D
T S U E A T R R X J H E O R N
P T S H I N W J K T U F G T Z
V I E C Y Q D E X P E C T A K
V R X I M V K I N G R N H I V
D E X P L O D I R Z S G W D N D
```

SOLUTION FOR PUZZLE # 34

```
V W N T T Z M J U J I F C B L
Z J P H U H M N O N V V C X U
B U O A D R L C S Z U V I Y S
S V N M T B T B Ã D S R B P T
T M Y S C O E L H O Z R N Z L
G O A T A D H R E A B K W E K
O R X E T E P F H F D A Q O R
M L U R E U H N D A P D U P M
Y T O M E T A R T A R U G A H
X H W Q O N M A Q O B C T P L
J M N R A J S B Y A Y K I A Y
W W R U W G T B X S E D O G V
U A G E Z W E I I G U A N A R
P I U A V D R T J P O N E I S
B V W T K J D R N F G A T O V
```

SOLUTION FOR PUZZLE # 35

```
B X S A M F I L M A R Z B P H
J Q G P E F A C E O A M F X F
X G B O G F T N Y F I L E F A
U E O P R E E N C H E R A A S
K C B S D N M N R Y F I R S T
S E E W T C E O C I A A A T E
H W U R P A R N Y E X R X E N
K M O U C R R O Q P D Q O N N
T U G E U A I V Y Y F U V B X
Y Y P E U R R M R G E I H D R
K Z R C R E F O E F U V L Y O
D Y J Q K O E I X I Z A L M A
M N Y P U Y J Y H L R R J C K
G M R D T S G G Z L J O U R U
E H R Z Y G S S Y Y E O T O L Q
```

SOLUTION FOR PUZZLE # 36

```
A I R P L A N E G X S Q D B X
X K C W Y Q T R A I N V I P G
C E Z C K P Á Q T Y E X E X S
V W D C N H X B E F M P P Q N
A M O T O C I C L E T A D W O
R I M O T O R C Y C L E Z C O
A Z P B Y C I C L E Z R V H
B W F X Z T M S V S J A A C M
S K A T E B O A R D B O A T T
V K A V I Ã O I I Y U E R Y
Z M A M V C Z L D N C S S E B
M O E T R J S B W G I E G M F
F E Y A E H M O W X C B C G M
X J B Y N R J A A B L Z U C M
A I Y D D L K T R E N O S O
```

SOLUTION FOR PUZZLE # 37

```
X H E W C O N S E R T A R F M
F I R E A Z P B K Z U F D L D
I L W N B R A M Y A R L I U O
F L O R E S C E R J Q U V T B
E I Z W R W V S S G D I G U R
F L O O D F N M B W I R L A A
F L A T T E N Q F C S X N R R
F O L D D B Z J D L P I F N M
P I V E E N P F L O A T G L Z
O N X N D T J S T L R S N Y V
J U M E B H Y U P F A P H V V
E N U J I C W A C B R R Y F P
X D W D Z I G V F J D A L
U A W G T J R Q E J S T K G V
B R I L H A R R M G W D W G E
```

SOLUTION FOR PUZZLE # 38

```
R M L G C Q C Z S S K N R M V
S E X C Q D S R I D E S E R T
R I U I I A C A U E O K X N U
F J H H L Z Q H P S W N V K U
Y T M O S H E G M E Z L U U D
D O T V V W A T E R F A L L A
T Y Q O R T Q M Z T G G C P A
H I N L A U U O P O U O A R N
L S B C M O U N T A I N O C L
E L S A X W P T D O N I P A I
Y A P N Y T B A V R I O N V R
C N L O F R O N Q E A Y G E O
D D J L N G Y H V T D J V R O
Z O T R A D L A K E K I W N Z
E K C L J A C Q I R N L A Z
```

SOLUTION FOR PUZZLE # 39

```
K Z B L E N C O N T R A R A T
A A Y C R J L Y W A V E Y S D
X S R N N P F D R K H R G Y I
P O S W C O N D K T F K R B J
F A K U M X A A A C O L A R J
N G D P S U F G F G L R B I X
L Z T X Q T R A L O L T D L G
F Z Y N G A A R P O O U D H D
L R E X T X M R K D W Z E A A
P W I I L F E A S E G U I R G
O Z R G H F O R Ç A R L Q Y S
A F W P H C O F A U G E J B D
W T F C I T F U E C S W W D I
R H F D Z R E U N I R N I I X
C G V U S J I N S D W F U H I
```

SOLUTION FOR PUZZLE # 40

```
T V B I O L O G Y F X I F P B
C O N H E C I M E N T O I H F
Y K N O W L E D G E X Z S Y M
H V I V E C I P E S Q U I S A
O B S E R V A T O I N R C I T
U Z Q P S I C O L O G I A C H
W L U D G E O L O G Y H K S E
P S Y C H O L O G Y C N A V M
B I O L O G I A I R Z S F U A
E J O B S E R V A T O I N H T
Q U I M I C A E I E P T A B I
T L G Z T A S T R O N O M Y C
K G M A T E M Á T I C A F L S
P A S T R O N O M I A B L A X
J L T X N E C H E M I S T R Y
```

SOLUTION FOR PUZZLE # 41

```
I G U A R A N T E E Q J O N R
K S R K Z I V C C B G T C N H
T L C E U M F C L I B U K M A
R U A Y E I Q Y R E C G I U M
V B A E N T R E G A R Q J D M
L R V A D I V I N H A R C P E
T I R K J Y V Q V K L H D H R
F F Q A G F S Y J G A A N A M
D I J G A R A N T I R P L N P
A C G U U Y A G T E W E W D Q
Q A G I L E Q T M G T R A U H
G R O A N Q S E E R Z T N S A
D H W R Z B G S A I E A V U E
Y K B H Q L K M C P J R D A O
W Z N C U M P R I M E N T A R
```

SOLUTION FOR PUZZLE # 42

```
L X E X E C U T A R W G C A Y
P W P C A L I G R A F I A L U
F R H A K T A Z D E S E N H O
X A F C A L L I G R A P H Y R
A Q A K O R Z N C I N E M A W
X S F E X E I V M M X R W I R
S C U L P T U R E H F F R Z S
M D D A N C E Y K E D O I P C
J R R I K A S S E G L R T I I
A O A A A N F Q C P X M I N N
M P M M M T C D G R X O N T E
M A A R N A S I N G I N G U M
D E S I G N E S C U L T U R A
K U R H Y D P G D A N Ç A A U
S N A U L O S X K M Y X D A R
```

SOLUTION FOR PUZZLE # 43

```
H C A Q A S S O M B R A R Q P
H H T C Q J K T O A M A K H G
P I O U O P Q X M I G T W O K
F C G R L N E X I L E O D M Y
U R X A F U T N U S J H A Q M
J X F R X N N E D R F D E R M
H W L T U I L N C U A G A E O
H R E A O G D G T E R H E A L
Q O H X S R R A H A R A S S E
O A O N H U A N E A V N R F S
A N O J Q G J C L Z P G V Q T
N B K D J M U H P Y Q P M A A
E S K F I D D A O H A T E I R
Q Y O M T A A R V Y L O P N B
D U I N D I R I G I R H G I C
```

SOLUTION FOR PUZZLE # 44

```
G U E T E A C H E R N N S M F
A N D O G U L N C O L E G A S
D I U P R I N C I P A L N C T
S V C R T A N T S R F M C A U
O E A D Z P A O F O N L H D D
V R Ç L I C O I T F L I A E E
L S Ä P U R O L B E S V L M N
P I O D A N E J E S B R K Y
L D E P X Z A T T S Q O B Y F
Y A C A D E R N O O B O O K I
M D Z P B V Z R H R X N A K Y
K E M A C A D E M I A F R V I
C O L L E A G U E S V Z D S M
Z C T Q U N I V E R S I T Y N
T W R Q Z W O O Q P Z Y M A M
```

SOLUTION FOR PUZZLE # 45

```
Z F U O R B Q X O H E W V O I
M T R G L M U R M U R A R M B
X E E X Y R A S Q N P R X I Y
W R L A Y I D E N T I F Y D N
I E S H H M G I M A G I N E E
U S A I O P T N H K E R I N U
R P W M A R O N O M A M M T N
R E Y A B E A J P R U G P I C
C R H G R S D R O H E O R F Z
K A B I A S F N U O F O I A
V N Ç N Ç P G V J G O P V C E
I Ç G A A I W L N T W U E A I
V A C R R B F K H Y Q L S R L
B O S E J Y N T Y U V A H S E
I M P R E S S I O N A R Y J I
```

SOLUTION FOR PUZZLE # 46

```
C O N C O R R Ê N C I A O S X
D K B N G J S T E N N I S K T
G J D B C I C L I S M O G I R
L V F B Z V V T H O Q U E I G
F U T E B O L Ê Y B Y U G N C
F W M R Z B U N K L H X I G M
F X J H G X T I X Y O L N A A
M F G Y M N A S T I C S Á B R
B A S E B A L L S Y K I S E A
Y A P R S Q I S C B E E T I C
I C K B O N V F B G Y H I S I
S P J F C O R R I D A G C E N
X W T T C X E X Z A M X A B G
C O M P E T I T I O N N O O O
Q K K W R E S T L I N G T L S
```

SOLUTION FOR PUZZLE # 47

```
I N F O R M A R C T S I J R N
H I N C R E A S E G M N A A K
A Q Z I N T E R P R E T A R N
W B V Y G L P T O D E E G R G
I W F T N R S F K J R R I U J
D N Q Z E E N Y N U E R D J A
L P J T R I H J B E O I Z U
Y O N E Q N V N V F T M N L M
X I T M C S I W M U N P C W E
N N G I N T E R F E R E L N N
I P A W M R I N T E R R U P T
R G K Q B U I N S T R U I R A
H S R I N C L U D E J J R Y R
J D I N T E R F E R I R R F
J Y U Y I N T E R E S S A R X
```

SOLUTION FOR PUZZLE # 48

```
M A B O X M B I R T H D A Y A
Q N E H B J Q Q I M F V R E N
S I V E Y A D A C I E A U N I
A V E C B N L P E S S O A S V
N E R C I T G Ö L R T D O E E
W R A E D A X N E C I I C R R
X S G L A R F V B S V N V G S
I Á E E S G I B R D A N Ç A Á
P R S B C N S V A D L E W C R
G I N R N J J D T L Y R N Q I
W O A A L N P E I Z L H J Q O
S T N Ç H Z L H O Z Y O J S N
Y P Y Ã O R X V N Z W F O S Y
A L H O S P E D E I R O V N X
U F E S T I V A L G U E S T S
```

SOLUTION FOR PUZZLE # 49

```
D X I R R I T A T I N G O I R
V G E I G N O R A N T I O N F
I N S I D I O U S C I N I S I
Q U D X C C E K Z R N D N I N
I N V I N C I B L E C U Q D D
T W I M P O R T A D O S U I U
I G N O R A N T E I M T I O S
B E M T A E D F N B P R S S T
I N V E N C I V E L E I I O R
I R R I T A N T E E T O T E I
L I M I N E N T E Y E U I S O
I M P O R T E D L N N S V R S
I N C O M P E T E N T E E L O
H W T Q M I N C R I V E L G U
Z I N Q U I S I T I V O L J F
```

SOLUTION FOR PUZZLE # 50

```
D T V M E J I N T E R N E T K
M A R K E T I N G O D Y Y C G
S U S X X M C Q T T Q T B O S
F H O S C T O F P E M B L M M
R K O O O M X D K R B O P A M
D Z I C M I P P K I V N G A R
P T N I P D U I S E G U E R K
O U T A U I T N W O V R Q T E
T S E L T A A T H H A U K I T
L N R M E S D E A H G O X L I
L D N E R O O R S V O B C H N
H N E D D C R N H A S H T A G
W P T I L I K E T N T T N R B
I I X A C A M T A S A U X R T
W H F O L L O W G Z R D U N R
```

SOLUTION FOR PUZZLE # 51

```
M I U J S N S J G F X T C Q B
H T X Q H Z Z J U M P K I C K
Z D Q Y Y T O I M A Z F E I
Q I X O W T O K N R B B K T L
S N M A N C T E Y G R L Z E L
Q V C M V I M E E A K I E U P
Z E G G R O L T T M L N T D I
L N Z I D G M L O E K V F A R
H T Q P L V A F F V C E T J R
I D S U O S T B R E H N P O I
E T L L N M A V G M U T B E T
J G M G H V R D G U H T A C L A T
F O J O Y O U S Z O A R P H T
Z Y K D M J U L G A R X O A E
V R F L E M B A R A L H A R U
```

SOLUTION FOR PUZZLE # 52

```
O R G A N I Z A T I O N I V K
A Q Y U C K E M P R E G A D O
P B G U A S E L E V A T O R E
B X O R G A N I Z A Ç Ã O N H
C A N E T A S R M E Ç K O L I
I A D S S O O E E I Z F F C P
S S G C K D R Y S A E K J U S
N I M É A B O O A L S Q Z B S
O W B V N L P Z E E T J U Í R
I F E Z P C R T D A G E N C Y
R L S M H B I T V W V X J U P
E D E K J S N A C U B I C L E
R F T B Z G T P O S I T I O N
S E Z E S T E L E P H O N E S
D A M I M P R E S S O R A G Y
```

SOLUTION FOR PUZZLE # 53

```
M H N O R A K H D T M S H C H
F B Q T A R P N E U T L X Y W
L U F T S W X G Y K R L X A W
R O T U L A R A Q H I A W X E
T B A T I R Q O E R C N R S
C W O N C Y T S A D O Ç C R S
E Z N O E O N L A S T A S A L
F B H Q N E E S P S A M D R Y
G H O K C V K S R F R E F W C
G Q W I I H N J E H K N O C K
V I L N A A I G N L R T I S A
D S A E R D T X D A T O N P G
C G U J V I S A E B X P S V O
Z N G Y C E R L R E L I B D D
V T H M H M L K L L A U N C H
```

SOLUTION FOR PUZZLE # 54

```
B S S F N K R I X F I F T J B
Z O U L W J J N E A X A F Z W
T K P A V E S T R U Z L L I O
K N H M Q H I K E C E C A B W
G D Z I O T V C B O J Ã M O L
R Z U N O W C Y O R E O I S K
P E N G U I N S B U P A N V Y
C A C O Z M S S M J G A G R V
K O R G S J Y L E A U O O L X
M C L R V T U N P I G E O N E
L R T P O Z R A A L G A N S O
C K E X M T P I N G U I M U E
I K I X Q H E Z C D U I W O P
H F X E J W R Q G H F I Y G A
T K R J H T U R K E Y D A B M
```

SOLUTION FOR PUZZLE # 55

```
S P H G W H V W P R B P Q W Q
M W S N Q O G W L O C K C N O
U Z T T S O K S O C O K N U
Q L O C L A S T L I S T E P S
O A W B I Q T R L I K E G Z H
W M U S S C A B A I X A R L H
C C V Y T G R Q M M S W L O B
H G Z B E B B C B L A T O W W
J I Y R N B L T E S W R A E L
C D R T L A S V R X T C D R
E A M A E O I I U A N T E Q L
C G U X Z L V O F X N V C Z O
D L T B W U J E F E I C V M O
D B P I O L H A R V G Z A N K
X Q L R O V F K E Y Z R N R Y
```

SOLUTION FOR PUZZLE # 56

```
L U L A W S H R I M P F A K S
C E X C Y H Q H C W N N C F U
E N G U I A A U A M A H H A C
R C R A B R D L I I E J C H
C L A M N K O M E D N P Y J I
X A A G O A J L N R I A V U N
L M R C R Z A E F C Y S Z D I
H J X A N B A Q U I Q I Y O T
X W B M N Z F S X M S L J C N
M U K A W G O L F I N H O I Q
T I I R K V U P W Z G Z H Q R
J A I A L W W E S R X P F U O
O C T O P U S C J F L W F U M
R Z P E I X E F X O N R J I M
G T B O M Y G I D V S O Q O Q
```

SOLUTION FOR PUZZLE # 57

```
T M O D C I G K W N U E L K J
R K L E M M A S S I V O Q G M
M Y D R E P E O C J I V I M R
Q A W R D O M A A Z N X H A P
O U T E D R L K S B T H R V
Z I E T L T G S A U E C M C Q
I T L E E A C I R V R Y F A U
Q G E R I R U O I A M E E R C
T T P O J O X S M X E V W P G
A J G K N P S E M B D R Y I R
I R I C A A G Q Z A I C U X Z
G H I Q M A T C H D R N F K Y
Q I U R N E U T E N L K A Y R
U H A A V W L M A R R Y L R K
C H M A R C H T M J X Y U B Y
```

SOLUTION FOR PUZZLE # 58

```
A K B X R L C T Z G A I B Q U
Y D G M U W P I L S Y O Q K K
Z L S V W U O G Q P U S K D N
P Q R B N C H R O S A G B K G
E L E F A N T E X H C N O Q Z
P P S C P D I A L A S A D U H
N E A W A D D E T S D Y E A E
F M X H N V V N U J E Q Z Y D
A S N O D O A Q R F W F B C H
U N P R A H C L S N Y Q G F U
J W D S P B A M O N K E Y H B
U D L E U E T I G E R R F N M
J C L X C A L E A O S I H R I
I E Q C O R S H E E P B L I L
P G H G W D Z V P C A T E S N
```

SOLUTION FOR PUZZLE # 59

```
V M O F L K Z I R Z I O T T S
T O L I A E T A F N R S M Q Q
J D X Y M X L D W O M I I Y A
K E T A E N H L Z T B D N R P
A R E P N L B G R J C E E V P
U N R B T Q K T B Y X V K X E
M I S S A G K M H E O H T M S
N Z A X R G B S M M R Z O O M
U A U X I M U J W E E M I L K
F R D K E M E N D N S I O E D
L M A Q K C R O Ç D J S C V I
E I D Z I U P C D A I T U O E
E N E V O A D A E R R Y L P A
M A V M O D E R N I Z E A I V
O R D E N H A R N K P N O S Z
```

SOLUTION FOR PUZZLE # 60

```
U P W M H O C O E V P A S T A
K E O X C P K I W Z T V U D Q
E P I S I K E R D M A S S A W
U S C H N M N W M A R V H I G
K M K Y W C B F N N R Y I E L
F H R G J G U Q S T O B T S S
D J N D V K L Y A E Z R D O W
J H I Y F W H E O I U A J U N
B P Y J V L M G H G L S O P A
W Z V F Q E S O A U S E S P
E R I B L S U I S R R T A Q
P E P R E S U N T O X I T L M
J M K C W B U T T E R C G A I
P D D J H C Q C A R N E H D L
D Z E H G R C T T N N G X A K
```

SOLUTION FOR PUZZLE # 61

```
T D M L A Q U W B I L F B V Y
E E D U H D B P A U U R N E V
N E G A R M I U X Y W L B U M
A U U T K D D R O W W O U D Y
S G M T S Z E Z B B S B X D Y
O Z J B U C M R S U J J E H N
G K P N E G A T E N I E P A S
E J R D N R S Y R S N C T D Z
Q S E U N P T Q V U Y T G A R
Y B C N O A S S A S S I N A R
O G I N T N M R R Z H P H A V
J P S J E O Q E P C F N E S T
A O A Q L T Z Z F K I M Z S B
R F R O X A M M G N O J C T F
E N U M E R A R A N O T I C E
```

SOLUTION FOR PUZZLE # 62

```
H A E K G K M E M V B K T Z P
P I O R B I T A E R F F G F D
C J U N I V E R S O O M U I P
U F P L A N E T A C G E O T L
Y G R B T H N H I K U R G O A
F A S T E R O I D E E U Z V X
J L L Q A I J L E T T D I A E
I Á Q L B W U U S S E E P Y T
F X J F B R N A P V P U R I I
C I A S T R O N A U T A B R G
G A R I K N E K C W U R Ç M A
J U N I V E R S E M O L B O L
W T Q A P R L S S I Z L U T A
S X U A S T R O N A U T F A X
G X R R Y C G R Z A D P T Y Y
```

SOLUTION FOR PUZZLE # 63

```
K O F A X C D O C O R R E R Q
V R L L B A H E P A I N T P Y
P L A J Y R T O V E R F L O W
W Q U L E E Y R X E L F V O X
K O U D S U E L P M R U E N F
Z T R A N S B O R D A R I P J
O O P Y B G Z Y R S O G M Y S
Y G G O B S E R V E Q N C X A
D X Q B S O T M Y R D R P L V
I O W T G S P O Z S A P O W N
W G L A H O U N W T N A C W R
A B R I R P O I N Y X D C S E
X L P N P E D I R F R D U H M
R F L T B N P K Q A C L R K A
K K Z B Y C E E O B T E R W R
```

SOLUTION FOR PUZZLE # 64

```
X E D Q D D K N W W L R W H D
D T C U F F E C O N T A V I I
X E C G J B L O E S P W O Z N
N L H A Z K F H S X M A O A E
I E E B C C E T P U C U I R
B U F F E T R C V F L W A A U
I C I H I T G A R Ç O M T F O
D X B K I T G A R Ç O N E T E
R S C A F E T E R I A C K N Z
H R W U R U W R W J B U F E U
C H E F E D E C O Z I N H A C
H X I V Z T B T Q L L Q U O N
L C O Z I N H A O K L S H M E
G H B A R R A M J R F V M R H
B I W P C A R D Á P I O U M L
```

SOLUTION FOR PUZZLE # 65

```
M V J J N Y P P J H P R P C Y
R B K P E R M I T I R A E O Z
W E Z E X P A U S A R R R O B
L G C A E E L J C Q B A M K S
E S Z C C C S I O K C P I C K
U U O E U K P T L S P A T G X
B Q W F T N S E J D G A T Y
Z A V U A H E C R C I C X G P
V E G L R P S T G F I Y Y G A
S R Q U K E A H E F O O S U S
M K P T D K H S Í P A R N P S
K H U E R E C C S L A W M A A
H T W A E V A S X H A S M U R
T L I R V P I A V X I N T S L
W G I Y D U O E S C O L H E R
```

SOLUTION FOR PUZZLE # 66

```
L S U R G E O N V B K O P W R
E S T E T H O S C O P E E O E
J E N F E R M E I R A R C N H
Y P M E D I C I N E T V I M N
E S T E T O S C Ó P I O R E M
I N P E D I A T R A E A U D P
R E M É D I O R U Z N F R I H
A P Z F D O C T O R T G G C A
R Y V C N V F A R M A C I A R
S C P A C I E N T E M E Ã M M
F E P N U C L I N I C R O E N
C O N S U L T O R I O Q I N C
P E D I A T R I C I A N E T Y
G G Y C I A T T M É D I C O
R R P F I X S T N U R S E S F
```

SOLUTION FOR PUZZLE # 67

```
V P L E A S E P A M V C J Z C
K L S V I J S L Z O B G P P Y
H A Z L S S T A P O N T A R R
X N P G E A O S M R X T E W S
Y T K S R C U T U C A R E D M
P B S X U W R I Y Y T Z M H F
Y O H V O U A C E N F T S B X
P L A N T A R A I Y P F C V D
W P O R F A V O R Y L U V K K
U X A R T I P I N C H B Z K R
V W A S T P O L I S H E D G L
K L O S K P L A S T I C O R A
Z P O S S U I R E R V C V Q I
U P O K E D R L L E Z G F C K
C O M P R I M I R A Y Q H T I
```

SOLUTION FOR PUZZLE # 68

```
B X Q U A Q P A U I D T Y D J
P P Y Z R D G W G M S O F Q F
V A O M W N W N Y G Y A M X A
P N N I T B J T T R V S O S L
I Q E C R O I S S A N T T H Q
C U J A A O E L D N V U A N Y
U E H H L K F K M O B R O X C
F C R C Y L E V Q L D C E S T
B A O E X L P K O A T M E A L
T O R R A D A H L E W U N T N
L Y L E V L M J F J H Z G M F
J O R O E T E A E L G Z I E R
X E V J I K C O F F E E G B S
C O G R A N O L A N Q A E Q V
E G G C R O I S S A N T U K I
```

SOLUTION FOR PUZZLE # 69

```
E A Q T C P N P R E A C H E R
D E R R A M A R W D Z Y E A N
J R P P R E F E R I R D G J T
V R O S Y W D C Q I N E S S T
V M U A S P R E F E R P E A Y
A W R C V I R D T P X R P Z H
O P R E C E D E R T A E R V P
M R R M E T R I S P D S E L N
M I A E W P M X E E P E P C A
I N W R S I A R K F R R A K X
U T J J R E P K Z I E V R A I
K N I P M T N O X N S E A W H
R D M D Y P H T I G E Z R R V
C I V V U Y I M A I N P K Z M
F C N E L S X F A R T C J F E
```

SOLUTION FOR PUZZLE # 70

```
X G O G N W Z A B E H V W L S
O M W E Z S X F M T U F C L Q
R F B R H W Q R N Z L F L S E
R Y F P R O D U C T S P I L I
L E D E S C O N T O P U E X L
F T C P R C A S H I E R N N
S A L E S M A N L R G C T O C
R T T I I P B C L O T H E S O
C F D H U P Y K O W L A E S M
E L G O G D T B F A B S H N P
O T R X W L I V E N D E D O R
T F X B O C O U R W E J C P A
H S L R E B S J T D K B O P S
M H B R C A I X A H I H H E S
L Q Z P R O D U T O S Z Y R V
```

SOLUTION FOR PUZZLE # 71

```
D P R O V I D E N C I A R C B
R R R A Y P U N I S H V Q O R
I O I B B U R P E R F U R A R
V D H R I M T O H E P T R T L
U U N Y R P K U D M S R D B S
Q C Q N Z A W O O U U A D B I
W E A X G J D Z R P Z D N O P
U A V A B H J I M Q G I P M D
S Q E J C X L E A R A A R B R
G J K N F S O C A R T T O E I
X S U P M K X X K X G E V A R
L P U N C T U R E D X O I R X
C U U G S P U N I R H P D G X
S L S S W Y Z Y C P R E X Y
U L X G H W H G N R M G J X D
```

SOLUTION FOR PUZZLE # 72

```
T S U N A M I P T S U N A M I
X U S R T M S A T Y P H O O N
B A O R U L B V R D G Q V Z U
K V I E F G T A E E E L U L N
D A F L A P O L M D Z I L D D
Q L U A O L R A O Y F G C F A
V A R M X P N N R J L H A F C
V N A P G C A C D V C K T O L A
J C C A P C D H E J N N W O O
K H A G L N O E T K T I Q O A
R E O O A R I D E Z F N J D M
H Q V S O W H D R O U G H T D
J F G F Q H U R R I C A N E H
O O B E T O R N A D O J T C N
G Q D S C E A R T H Q U A K E
```

112

SOLUTION FOR PUZZLE # 73

```
Y P I M A M G N L I T T G H W
O A M Z K C G P E U N S X I N
H R E A L I Z E V R E J E C T
M E W A E V I C A E E B Q F D
Q C D R R G R Z N J P F B R V
I U A R C E I W T O S R U D G
V S L E L C X A I Q E H S R
Z A E P A C K E R C W C L D E
M R G E F R O T B E L O R Y C
L E R N G E E G R E I N A R E
G J A D W D V G N V R H I E I
K A R E D U Z I R I T E S W V
W O G R R C O J Q E S C E Z E
L L T Q V E G F A T T E M V Q
T K E V R E J E I T A R P J G
```

SOLUTION FOR PUZZLE # 74

```
U S T C R E S S O N A N T E J
Y N R R R E A L F T W E R L
J W P O E E F D P W T P E Z
N G K B S S V G A J U R L D L
G J R U O O P C U L T B A U R
E R E S N L N O O L I H J N O
B E G T A U F S N S A Y G D D
P D U R N I E K N S D R A A K
J U L J T R X O K E Á I U N
I N A R G M P I V G V V J T O
O D R O A S T E D I V F E D B
Z A J U E S I J L F R E A L U
K N S R V L G A V J A S H C S
U T E R E B E L P Z S H B I T
Y E H R E B E L D A R K I L O
```

SOLUTION FOR PUZZLE # 75

```
C F P E R M A N E C E R H I H
P O L E M B R A R X I X K H K
X K N K H J W E L T N I Q G N
M S Q F R F V R E P A I R I F
Y U J T I O X P R R A A S S
P B G E M A E A E Z M F J F
Z S T E N R R I C Z E Z M D R
T T R Y R E E A T R E M I N D
R I Q E B S L L B E E J Z O Q
K T T I M P F J E P S P O T Q
H U L J E O R E L A X I E K X
G I R R Y N V S X R S Y J A G
T R Z E X D C E A A Y E Y P T
R E P L Y E C U A R R S U F N
E Q K Y F R E L A X A R W V I
```

SOLUTION FOR PUZZLE # 76

```
P X U X F F E T J E S L K Q S
A C C O R D I O N F D B Q S P
Q J M M I C R O P H O N E W I
N X C G S T F L A U T A P E A
O P I A N O Q L X V I O L I N
O G R S R Z G G U I T A R Z O
W P V C N N B Q M T U B A Ã O
C K I S W T R O M P E T E Z X
C M O B G R U Z T D D D Z L A
T O L X T U S B H A R P D Y L
J R I M Q M M X A O M U I Z W
M U N E R P E M C R Q B M A L
F K O S W E H A R P A G O O W
V Z G U I T A R R A Q H X R I
Q Q B B J I K F T H C Q F H J
```

SOLUTION FOR PUZZLE # 77

```
H I C U A K S X C C I Q E S F
Q D O A S A R R I S C A R T T
S M F I W A P O D R E C E R V
U X R E S G A T A R E E O E F
X O E E N S C T L Y T P F P P
L S S S P V R I N S E R N R B
V M C N F R O O V R Y E F O N
L T U C A R O C L M H P R D Z
D N E B T W E D F A U O H U D
M P U E N X A G U A R R Y C L
E O E U U E H U A Z J T M E J
R I M A R A H J Q R I A E I
R O B B Y A Q Z R U C R U B B
S V L Q T R A X C Q T L S H M
H T C L G R T X K P N S B N P
```

SOLUTION FOR PUZZLE # 78

```
J X T N W O L S U C I K B Q M
S U C O V A A E A H U S X V D
Q U I D M U T L R O F I M A M
K Y X C G I O E C C C F O K F
G D J A E H L E R O F S A A K
O K T L N P C K O L H C A B X
U B I I G Y S H Y A M O D O G
H Q V M P C H A L T T M L Y K
B C H O C O L A T E C R E U L
T W I N E F C G X I J V M O B
S O D A E F R P D W K O L E
X U E D O E W W H D C C N F Z
Q T U A P E B R V R L K A N M
W L K Q C I M C P Á A C D L M
W R E F R I G E R A N T E B M
```

SOLUTION FOR PUZZLE # 79

```
O D L V G V J G L G O T H Q O
T M T P G M A X N O X W I N U
D V D I A A R O U N D P X Q D
Y U U E R S M B O K Y G J A S
H D R L P A S T Y B E L O W
A B A I X O E A A B A I X O J
E E N Z N C I P D M P S D L L
Z N T F X G O S I O N T A O X
W E E E R C E C D S X S B M X
M A H P X L A F T E R L Y M E
Q T W T A C F N V R R N R V W
T H Q Z E K E O O H U V Q R G
G N D U Q D B P O R A I V O U
P A O K S A E N T R E E W L P
M E F W F S H M C F D Q C V N
```

SOLUTION FOR PUZZLE # 80

```
Q R Q H F P S D X A M F B M M
P G E R M A N Y R E G I T O Y
Y C H I N A B R Z S T N J C A
Q U Y N L K E E W P I A N Q G
V W N G S T J B R A Z I L B S
K Q N I A B G A P N H G Q X N
J E I L T D R S P H X X Y C O
C Z G J Q E A A R A U U K V W
Y N E S T A D O S U N I D O S
I O R U R P C S N I G E R I A
C H I N A I X J T W L F Q I N
B W A J X T L D A A H H Z B L
C D W E N C E G Y P T A A Q W
V M M E X I C O J S A E I S S
N Z A L E M A N H A A O S T L
```

SOLUTION FOR PUZZLE # 81

```
G L Q R X Q W P S C R A T C H
V I A C W I L U C Z E Q X W W
S A S Z K I Y R R E P Z S L I
D O S N A D A K E R R Y C R H
J N U S I G K N A E E C A D S
A B S A E N R V M C E H T P A
S F T V D D L I M H N A T H A
S M A E Y A E O T A D M E L G
U N R Y S M D K R A E U R N P
D O M I C L O R U S R S S A W
W H K W O Q A W L W C C E I K
J K Z C R G O V E R N A R X R
A J S U C V L J P S L R R G D
B S C L H P Q Q V Y K A A E Q
W W C I D I S P E R S A R F A
```

SOLUTION FOR PUZZLE # 82

```
I N X N B C R D V I E W N G Y
L S W N V T G R S T M O B I M
A O N H B E Q E C P I R U C N
O N G P E E A S K P I M T L A
B P R H E S S C R F X D T T R
L G A F A N H O T O L F E T A
C D S C U U C R U G B L R R N
O B S F O S H P A R O Y F A H
A N H O E T W I R B O R L C A
B D O R O A L A R W F A Y A G
N K P M I N H O C A I B E B M
T D P I O T B E E T L E P O D
L D E G B S W I W L Z L L B Z
J Y R A X S C P B D T H A O W
W P K L B Z C A I K L A M J S
```

SOLUTION FOR PUZZLE # 83

```
X U C U G C T C O K E B R F F
X H I U L W T U Y D Q Y A H P
N Y S O M B R E A R C I B C R
Y P S E A R C H R X W E I A S
F K R W L K S E T T L E S S E
R E S O L V E R F B I U C H R
L W L S C H F M B P F C A E V
K B K H D U P I Z A E D R L E
A B R I G A R N R S R R O T V
Z G H V D C O A T I C B A E B
C Y X E S E P A R A R R E R A
M O L R H M T N E Z A J E A A
I A X B A O N H M P W B H W R
J T V K V J F S E R V I R P I
T X L N E E M S R B Y P D M K
```

SOLUTION FOR PUZZLE # 84

```
Z C B C D T S S N G Y D I L E
B F O A S Y U E B U N D S L U
U M B R E L L A I A B B L L T
Y V B A A E H S S R D A A K P
I F V N D L V H M D M R N C J
J D Q G W G I E V A O C D O X
E V L U C V L L H C L O K N S
B J F E C R H L A H A B F C C
P K J J O N A C V U W V O H K
P D O O S O H B O V P U B A Q
R F C N T O W E L A C Y W D T
I W E H A Y F P I E S L Y O U
M G A G U T G E I L Y T C M U
G H N O W P R Q L S Z N X A H
G G O C E A N O C O P H R R Y
```

SOLUTION FOR PUZZLE # 85

```
M S I J J M R G P K Z P F V J
A Q U J Z P D A Q J A X A O F
H E O M O A L G Z J E I Z T C
X R C H D S S K A E K R E V X
A R S M A S H T E S A U R N Z
K I L I V I O Y Z C Q Y C M U
T D I C N N C I E O C T O D A
F E P I Q A K P H R S P M X T
C S S G S R L C V R U T P P O
B M D X I I X I M E S D R Q P
C A X D G L G F Z G P V A Q C
Y G T Z H B S N C A I Y S B T
A A L E S Q U I A R R C O P G
I R C A R F J K G L A I X W R
Y R N R G X U L U N R G Q E H
```

SOLUTION FOR PUZZLE # 86

```
W H U L O H C O L H E I T A W
F Q A Z R K S J W C D N Z R L
A E W R J E D T M A Z V A M P
X T Q D V E R A O A S E S S D
K Y Y A D E Y D B U Y R P T L
I X E P S F S G M T T N R E G
M L S R E U O T R U C O I M J
P X U I C K M L C M H K N P P
V H H M O X I M H N O S G O P
S S E A B H W S E A S O N R D
L B W V W I N T E R S A E A G
O S A E W G Q H N V N X V D T
H R N R O I T D K O O S E A U
P T A A M B C S T J W J F B W
W U K B H B A W T Y K N N S O
```

SOLUTION FOR PUZZLE # 87

```
E N Q P K V I R J O I X D L W
W O I A E T U P G R N B L X T
B N K D D H P O F A R E J A R
R B O T L F X U U J M G V K W
U P I V D O K P M S O A K A D
M S C X W O S A A E Q T V R R
H G K B S S O R R I R H M R V
H U W E N C H A R C A R V E H
K N W S E V P H I H L O G B K
V S A P E S M I L E U N X A O
D S F I Z N S S S I T C O T D
N Z D R E O L N M R T A H A V
Z V T R O W I I O A F R I R P
A S N A T C H F K R A H J F M
K L O R K G K F E X E R O P C
```

SOLUTION FOR PUZZLE # 88

```
H Q O B E S I T Y R A E N Y L
I N S U R A N C E C H X D W S
P R Q P P N H H X D O E N Ç A
S R M A N I Y N X C P R W H Ú
Q H H T I T G D E A E C W R D
C O Q I Y A I G H E O I S K E
X S E E G T E R L R B S A Q M
O P X N F I N Q U H E E N G Y
D I E T A O E G A E S W E U U
T T R O L N E N Q A I Q A U U
E A C Y W S L U E L D Y M M R
Z L Í L K H D S Q T A F E D R
Y K C T L R I W G H D Z N I I
C W I J B D P A C I E N T E M
Q H O S P I T A L Q K Q O T S
```

SOLUTION FOR PUZZLE # 89

```
W Z B O R R I F A R H O E K Z
W R O Z A N K N O F B O H E H
B R O T A R Q C M G R R F S C
C C H I A R Y L I V I V M V
N L M P D Q L O C A L I Z A R
L J S Q U E A K Z R H O V G D
S W H P P C R A A J A Z P A N
Q Y C S I S P R A Y J T R P
I C H P B L T N A V H S E F A
C C F O O E L D X M H P C G J
N V A T L Y Z C O J A A F T E
X L Í O E S P R E M E R B T A
C H S P R O U T S M I K H L R
B B C X H S Q U A S H L K M P
J V A V A F U S Q U E E Z E K
```

SOLUTION FOR PUZZLE # 90

```
R C T A B L E U V N X V U L J
C H A I R H X Z P K V E Y Q B
M D L D A S O F A K E J G U T
D G H D E X C E T A P E T E P
Y A E Q I I T W P C R H P L G
L B R L C P R M J U S R D F P
L I E U S U A A H T A P V R Q
K N S M R L S I A C O U C H D
R E B I R I H R N U E S Y I T
I T E N X N U J Q T K U G R B
E E Q Á Í T K I X L I W J V F
L C G R N Q P K E L N A P A
C A B I N E T E W R W C G O X
T M P A J Z K W K Y T P Z A S
T A B E L A G A H V P N O X X
```

SOLUTION FOR PUZZLE # 91

```
G C V D F A Q L R Q B H U L R
B S T E P L Q W J L N S X E D
Z S C F L L K K J V G P S B D
O Y O O Y H F Z S H O O N H M
M S O M M W O Q C T C L N L J
P E I Y D E N U S T A R T F A
G S X H F A C T T T R I H N N
S T E E R C X A I E I S N E L
F A D I R I G I R E M T Q R H
D M T O T H X O I V B A C S O
G P A K L L T U G P A L G H Z
H R V F J S P I S A R E D A N
I Z D K S G W J B R Q H Z J W
F B S H M R A R M A Z E N A R
L T Q M A N C H A R Z Y Q K P
```

SOLUTION FOR PUZZLE # 92

```
B B P S L K A G R A F A D O R
M V D H A L E N V G C X D E M
Z A A R P E N C I L C T M G O
R M D M I K I W O O D M R B Y
T E L E S L E K Y T A H R R X
C O G D I J L U N H A X K O D
G L L U M R P N H I J W S C E
K F L Y A A X E N F A C A O
D H B D C J R R T J W E R R M
V F F J H K A T W R U L E R T
V W L G A A F Y E U K L W O W
H U T H D I U E J L P Z G B F
O T K X O O S Z I A O S C E M
T N M P C C O A T I C I H T U
U M P D F M N S A W K E V N G
```

SOLUTION FOR PUZZLE # 93

```
Q S B L H G H F J C T V S Q Q
J S O F O R T A L E C E R F J
N O T F X G S T G K A E H S D
Q V N R L L W W R Y D D E U F
L F C I E N L T C E E R S B Y
T A L I K N S I C H Q O T T T
X K F V U E G U S T U O I R A
X Y F A G L S T C T A P C A Y
H G F G G T C F H C R M A I W
H G U H D A F Z E E E A R R S
U S Y E R U R P B N N E H Q T
V V F T T G I U O C A B D I R
B Y B S T R E T C H J C U I O
M U A Q T K G K T E Z S U C K
S Z L S D S U G E R I R H L E
```

SOLUTION FOR PUZZLE # 94

```
O G H B T G K Y V G S I S W C
Y A T G K E O C U L O S H D Z
O C A L Ç A K Q G B E J I X Y
B X E R V R N C X S E C R N Y
G U D P S R N E S A P A T O S
I D H K A I I A C S C M B I Z
G V K B L N L N A K O I R W R
U R X N A G T T G I L S I C V
J N R B Z A V S G R A A N A C
I E I W V W H A C T R T C L S
Y P Y V B T P I K C B M O E T
S H I H C Y E A V A V M O T I
G K H E A N G S P N E H E E R
Z K R X Y C D R E S S Y I T
B Q W Y I N B V B L T T W S L
```

SOLUTION FOR PUZZLE # 95

```
T E L E F O N A R L R O Q T J
N S U R P R E E N D E R Q O B
O N X E W N D D C Y M N C H R
S U S P E N D N A M P S Q U S
K T E L E P H O N E K T W X S
O H S P A G R A D E C E R K U
C A S U S P E I T A R S H S F
U U Z Y S U S P E C T Z R P
S U P O R T A R R L M G O N R
C D P O I T H A N K J P K A I
X C O S X V X Y H U W T C S
N H R Z Y O W J O S K N N U E
O X T O R C M E M D E R O W B
N S U P P O S E M T E S T A R
R F A N D C J K X W K R M H R
```

SOLUTION FOR PUZZLE # 96

```
L G D Z N R R A C A D E M I A
Q S Y O M J A G G P A F T A V
Z U B E N C H O U E B B M O G
O B A N C O Y F F X Y S P O T
S V E X E R C I S E Q A G N R
X E S Z D D M F P R U U R O A
U N P G N A H O R C N U D Y M
O T E J M M R J X Í L A F Y P
D I L K M D T J O C N U G M O
N L H Y T I T R A I N E R S L
V A O A R A R M E O A O Z K I
H D F B N Z W R D G G K F A N
G O C U F G T J O B S W T I E
T R A M P O L I M R M K D A T
Z S I Y J C O R Z X K N E Z B
```

SOLUTION FOR PUZZLE # 97

```
L T F A K C T E H K J A G T A
U F O Y D R L Q Y L V S F I M
L A D U W K N S W H I S D I A
N Z W A C L K F T U S I A S R
K E F I C H L J R R I N R S R
C R T O W T A A A T A G H A
W C I G Z C C C S A L O P R
Y Ó C R O N O M E T R A R H I
I C K M R B G M W Y R W R J N G
D E R R E T E R U E H K E T J
Q G F R S I T O M A Z S T I P
B A C N S P T I E R K B A O T
X S W M X M T H R X O W Z K V
O N S Q N T O C A R M P U J U
V Y P H F Y Z R B W W I T J L
```

SOLUTION FOR PUZZLE # 98

```
I A N G X W B L R Y L M T C Q
J B T X F A I T H F U L S M F
L V H R E X P E N S I V E A F
B A H Z X U L X T U V M N B N
K N F T O I E U E L O N G E Á
Y K N K T S A B L C A R O K T
P T Q R X F G E A P Y V F F I
B E E S A R I R S Y H D I A C
W F Z J K F A D E D N L N A T
E X U B E R A N T S W A T A R
D T P N F E R T I L N Q H T O
Z D E S V A N E C I D A Y I N
E S U J O A D X F A I N T C H
G M M S D P W E N F F I N A L
L G G V A A F F X B O C W L I
```

SOLUTION FOR PUZZLE # 99

```
Q K M B V Z E Q F Y E F T U G
E P N B D K I H U T C T R O T
Z P N T Y K X T T R O T A R G
P U X A R X N I R A M R N T T
P S Z U U E V V A N É A S L R
V U W W O B I W I S R V P F O
J Y E L Z B A N N P C E O I P
R V Z D L C J K A O I L R J E
H L T E N T A R W R O E T D Ç
M O W N J R O W T M L A A A
C T Z T R E M B L E R R R X R
N R C O N F I A R K T U I T B
J R G A E V Q T R Y R K S J L
K P L S O H I W R U I W C T P
I P C Z F X L A B N P J M V I
```

SOLUTION FOR PUZZLE # 100

```
A D J O I N I N G F B X L A K
H A C C E P T A B L E D I C I
G B L A B S T R A C T E D T K
Z U F I Q A D E S I V O N U M
R N A B S T R A I D O A A A A
Q D G B D A A L A I M B B L A
T A R M S B G I A A A S S O L
O N E W J U G D D M D O O Y S
Q T S J Z N R A N A J R R U U
X E S J G D E D E N A V B U U
B J I O H A S E O T C I E J D
N H V B L N S A B E E D D O L
B N O U D T I F H L N O L V K
A C E I T A V E L U T S Y H X
P B V A D H E S I V E C M R P
```

Made in the USA
Las Vegas, NV
27 June 2023